他の人が読めないものを読む:
社交スキルとコミュニケーションスキルをマスターする

他の人が読めないものを読む

社交スキルとコミュニケーションスキルをマスターする

アイ・ジェイ・ナヤック

インド
2023年

コンテンツ

第 1 章: 概要

　偉大なアイデアや革新が形を成す脳(これまでに考案された中で最も複雑な器官の一つ)の中で何が起こっているのかを人間が理解できたら素晴らしいだろう。科学者やテクノロジーさえも、今日の機械に同等の代替品がない不可欠なコンポーネントであるその謎を解き明かすことができたら、素晴らしいと思いませんか?

　それでは、私たちの脳内では何が起こっているのでしょうか？

　人々が実際に何を考えているかを知ることは、コミュニケーションを改善し、潜在的な危険から私たちを守るのに役立つと主張する人もいるでしょう。人の心を読むことは不可能に聞こえるかもしれませんが、同僚、見知らぬ人、愛する人などとの日常的な状況において、推測したり誤った判断をしたりすることをなくすために重要であることがわかります。

　人を正確に解釈するには何が必要ですか?理想的には、豪華な学位を取得すれば、内部の仕組みについて十分な知識が得られるでしょう。それ以外の場合は、親から受け継いだ直観力や、ロックを解除する必要がある隠された秘密に依存する可能性があります。私は、すべての要因が関与していると信じています。

　脳の機能についてこれまでに書かれた本がすべてあったとしても、人を正確に読むことは依然として不可能です。優れた遺伝子や Google 検索で明らかになった極秘情報も役に立ちません。人の内面を真に理解するには科学が必要です。なぜ人が自分の行動を考え、どのように反応するのかを理解することが、他の個人を理解する鍵となります。

　注意深く守られた秘密を解読するには、知識、観察、出来事の理解に加えて、正確な結論に達するための強力な直観力が必要です。しかし、最も重要なのは、適切な方向を見つけて旅を始めることです。

　そしてこの本にはその目的が凝縮されています。科学を管理しやすい部分に分解し、心を読むために必要なすべての情報を簡単かつ興味深い方法で読者に提供します。効果的なコミュニケーション手法を人々に教えてきた長年の経験から、右手で鳥を描くときに左脳に何が起こるかを知りながら、自分の目的に直接利益をもたらさない情報はすぐに役に立たなくなる可能性があることを認識するようになりました。魅力的かもしれませんが、将来的にそれを使用して描画する予定がなければ意味がありません。

　したがって、私は、他人の心を読むという目的に特化した科学情報を慎重に選択しました。複雑な用語を避け、重要なこと、つまり明確な説明を伴う単純な結果にこだわりました。

　しかし、それは読心術の一側面にすぎません。他にもたくさんあります。より同調した聞き手になるために使用できる秘密、自己評価、微妙な兆候、コミュニケーションのコツがあります。私は、何か工芸を習得することについて生徒に教えるときに、日の出のたとえを使います。

　私は生徒たちに毎朝太陽が昇る時間を尋ねます。早く起きる人は、遅く寝る人に比べて、太陽がいつ昇るのかをある程度知っています。正確にいつなのかを知るほど十分な動機や観察力がある人は誰もいないため、正確な時間を正確に知ることはできません。それで、私は彼らに演習を与えます。これをあなたにも今すぐ行うことをお勧めします。

　毎朝、日が昇る前にバルコニーに座ってコーヒーを飲みながら新聞を読むことを想像してみてください。太陽がいつ昇ったかを正確に知るのは簡単でしょうか?あなたの答えはより正確かもしれません。なぜなら、それが起こったときにその場にいたことで、その「時間の窓」をよく理解できるからです。

　東向きのバルコニーに座って、太陽が昇る正確な位置を見つめ、その暖かさが地平線の空を黄金色に染めるのを眺め、すぐに時計を確認するところを想像してみてください。あなたは精度がどこから上昇するのかを知っていて、目の前の仕事に集中していたので、その日は比類のない正確さであったでしょう。直感も働き、直接観察しなくても正確な推定が可能になります。タイムゾーンが常に変化しているにもかかわらず、太陽が昇る時刻を正確に知ることができます。

　さて、クラスの生徒たちに日の出の時刻を尋ねると、日の出の発見に真剣に取り組んでいる生徒が最も正確に答えるでしょう。それがまさに読心術の仕組みです。それには、人それぞれ考え方が異なるため、「すべてに当てはまる」解決策は存在しないという知識、観察、理解が必要です。

　誰かを観察するときに関係するすべての要素を理解するには、知識と取り組みが必要です。あなたを正しい方向に導くための確かな戦略が必要です - それがこの本の出番です - 私はあなたが熟達した読書家になるために必要なものをすべて提供します。

　この本は、読書家に関するオンラインで入手できる通説や信頼性の低い情報を反証します。たとえば、腕を組むことは防御的な姿勢を示している可能性があります。しかし、寒い部屋や肘掛けのない椅子に座っている場合、この行動は性格的特徴ではなく、単に環境の影響によるものである可能性があります。

　根拠のないランダムな「事実」を信じたり読んだりすることは、不必要であると同時に有害です。人を誤解することは、その人のことをまったく知らないよりも悪いことです。心を読むことには、スパイや侵入は含まれません。むしろ、誰かが私たちに話したりコミュニケーションしたりするときに、その人の本当の意味を理解することが含まれます。彼らの考えを理解することで、応答するときに彼らの感情に気づくことができます。

　実際、コミュニケーションのうち口頭で行われるのは 7% だけで、残りは非言語で行われます。読心術には、相手の発言の背後にある真の意図と、言われていないことを知ることで、他の人が経験していることを理解することが含まれます。この非常に有益でよく研究された本は、読心術への単なる理論的アプローチ以上のものを提供します。

　この本は、的を絞った知識と理解、私自身の経験と学習からの逸話、そして語られない世界を理解する上であらゆる手段を講じる完全で包括的なアプローチを提供します。また、さまざまな性格タイプ、動機、目的についても調べて、特定の人がどのように考えているか、なぜそのようなやり方でコミュニケーションをとるのか、そしてそのメッセージを通じてどのように個人的な目標を達成できるかを正確に理解できるようにします。それでは、早速始めましょう。

第 2 章: はじめに

　読心とは何ですか?一見すると、読心術は、人々の個人的な考えをのぞき込み、大混乱を引き起こす一種の魔術または非倫理的な行為のように見えるかもしれません。誰かがあなたの心を読むことができると知ると、あなたとその相手との関係のステータスに関係なく、不安を引き起こす可能性があります。彼らがそのような力を持っていると知ると、私たちは恐怖のあまり逃げ出すかもしれません。私たちの脳内で起こっているすべてを知ることよりも大きな超能力はありません。しかし実際には、それは侵略というより理解の問題なのです。

　心を読むことは、誰かと話すときに、相手のメッセージが誤解されたり誤解されたりしないことを知り、自信を与えることです。心を読むことで、言われていない言葉を理解し、関係者間のコミュニケーションを強化することができます。これは、仕事上でも個人的にでも、より強いつながりを築くことができる貴重なスキルです。

　私たちのお気に入りの人は、よく話を聞いてくれて、私たちのことを理解してくれる人である傾向があります。小児科医や歯科医のような人々は、私たちの「私は元気です」という言葉が正しく聞こえないことを知っていました。バスに乗っている見知らぬ人たちは、私たちの体重の変化を理解し、必要に応じて席を譲ってくれました。

　これらの人々は、思いやりと理解を持って私たちのニーズや感情に耳を傾け、観察し、理解します。これらは押し付けがましいものではなく、代わりに非常に貴重なサポートを提供します。彼らの力には、何をする必要があるかを正確に知っていることと、このほぼ超人的な能力を通じて長期的な関係を築くために必要なスキルを持っていることが含まれます。まさに私たちが密かにこうなりたいと願っているタイプの人々です。この能力を持って生まれたのではなく、作り上げてきたのです。周囲の人たちをもっと意識するという意識的な決断。

　心を読む人は、効果的なコミュニケーションがいかに重要であるかを知っていました。彼らは、効果的な対話には、深く聞くことと、言葉を超えて話された内容を深く理解することが必要であることを理解していました。彼らは、隠された真実を導き出すために偏見、判断、制限を超えて会話を評価しながら、話者の沈黙、口調、動機、意図に同じように注意を払い、周囲の環境や人々にも注意を払い、その見返りとして信頼を獲得し、敬意を理解しました。職業的にも個人的にも、より良い判断と意思決定を行うことができます。

　心を読むことは、誰かに外国語を翻訳してもらうようなものです。彼らはそれを文字通りに行うこともできますし、言われた特定の外国っぽく聞こえる言葉の背後にある動機を説明することもできます。

　人々が本を読むことは、誰かのプライバシーを侵害するために使用される単なる手品やトリックではありません。むしろ、個人の感情や思考に敬意を払う芸術です。

　人の気持ちを読む方法を学ぶことは、会話がスムーズに進み、円満に行われるようにするための最良の方法の１つです。心を読むスキルは、会話中の推測を取り除き、理解、思いやり、関係構築の要素に置き換えます。心を読む能力は、ネットワーキングイベント、職場の会議、または非常に魅力的だと思う人と会うときのやり取りを大きく変えることができます。心を読む能力は、2人の個人間の相互作用の結果に信じられないほどの影響を与える可能性があります。

　読心術は、人間の脳がどのように機能し、精神的に存在し、判断を避け、観察するかについての深い知識を必要とする技術です。しかし最も重要なのは、相手が誰であろうと他人の考えを理解するために、これらすべての要件の理想的な組み合わせを作成することです。つまり、相手の性格や相手との関係状況です。

　読心術は奥深いテーマであるため、読心術に最適な環境を作成するためにこれらの洞察を適用する方法についての戦略を提供する前に、各側面を個別に説明します。

　第1部では、人々とコミュニケーションを理解する旅に乗り出すために必要なすべてを説明します。人の話を読もうとするときに何が予想されるか、また、他の人が伝えている内容を解釈しようとするときに遭遇する可能性のある間違いや障害について概説します。さらに、進化し続ける通信分野で今日私たちが遭遇するいくつかの課題にも対処します。

　第2部では、私たちの心に関連するすべてを探求します。私たちの脳がどのように機能するのかを概説し、個人差を遺伝として特定します。さらに、この部分は、人々が特定の方法で行動する理由を洞察し、さまざまな性格タイプを調査するのに役立ちます。これにより、人々をより客観的に見て、より適切な判断ができるようになります。

　パート3では、あなたとあなたがテーブルにもたらすものに焦点を当てます。誰かを理解するには2つの主要な側面があります。それは、相手の考え方を知ることと、自分の考え方を理解することです。残念ながら、精神的な障壁によって、誰かを正しく理解することが妨げられることがよくあります。私たちは個人的な偏見に基づいてすぐに判断したり仮定を立てたりする傾向があるため、他人を正しく理解することができません。

　第4部では、これまでに学んだことをすべて取り入れ、これらの原則を実践に適用することが求められます。ここでは、言葉の背後にある本当の意味を推測し、欺瞞を見抜き、他人の心を完全に支配する方法に関する小さな秘密と戦略を発見します。

　言うまでもなく、あなたは捜査官レベルの人物読書家になるための完全な本と包括的なリソースに着手しています。

パート 1: 基礎を築く

　新しい旅を始めるには、行動の動機と特定の行動が起こる理由を理解する必要があります。読心術がなぜ必要なのかを知り、その過程での課題を予測する必要があります。表現されていることが直接翻訳されないのはなぜですか?

第 3 章: なぜ今日、人の心を読むことが非常に難しいのか

　少し前までは、コミュニケーションには、相手と向かい合って座り、お互いに話したり聞いたりする十分な時間を確保することが必要でした。しかし、時間の経過とともに、コミュニケーション方法は大幅に変化しました。新しい形式ではグローバルなやり取りが可能になりましたが、同時にマルチタスクが行われるため、会話の質も低下します。これは、会話が価値を失ったことを意味します。

　時間不足

　私たちの時間は常に危機に瀕しています。今日のテクノロジーは私たちにいくらかの安らぎを与えてくれますが、調理済みの食事は食事時間を 1 食あたりわずか数秒に短縮し、バーチャル会議では時間を節約するために移動中に会議をスケジュールすることがよくありますが、コーヒーは外出先で飲むようになり、コミュニケーションのタイミングは精神的なチェックリストに基づいて行われることが多くなります。私たちの心の中で創造します。

　相互作用を制限する遠隔コミュニケーションの時代は終わりました

　私たちが直接コミュニケーションを取ったり、送るのに何か月もかかるような長文の手紙を書いたりした時代は遠い昔になりました。最終草稿で各単語が何らかの意味を持ったとき。現在、コミュニケーションにはさまざまな形式があり、そのため相互作用が制限されることがよくあります。

　今日、他の個人とコミュニケーションをとる手段は数多くあります。電子メール、テキスト メッセージ、ソーシャル メディアでのやり取り、音声メモ、ビデオ通話、電話などは、私たちがコミュニケーションに利用できる手段のほんの数例にすぎません。議論されるトピックがオンラインに移行するにつれて、誰かと直接会うことは、ほとんどが Zoom 会議やビデオ通話に置き換えられました。大きな欠点は、これらの形式のデジタル会話が全体的な対話エクスペリエンスを制限することです。

　テキスト メッセージでは、相手の口調や表情を正確に判断することができないため、一言で答えることは、退屈、意見の相違、または複数の相手と同時に通信することに気を取られていることが原因である可能性があります。

　電話で行われる面接では、採用担当者があなたの回答をどのように受け取り、処理しているかを理解する能力が制限されます。あなた自身と彼らの間には相互作用がないため、他人を正確に理解することはますます困難になる可能性があります。

　ソーシャルメディアで会話をする人

　匿名性は信じられないほどの力になる可能性があります。それはあなたが目に見えないほど支配的になると同時に、責任を負うことなく自分の声を聞いてもらうことができるようにすることを可能にします。パスポート管理の制限を受けずに、他人に計り知れない富へのアクセスを与えることは、どこに飛ぶか、いつ飛ぶかについての制限がない翼を持つようなものです。

　制限されるのは入力速度だけですが、匿名で入力すると、直接誰かに直接言えないようなことも言うことができます。

　ランダムな考えが意見になり、それが議論になります。あなたのヘアスタイルを批判している人が本当にそのヘアスタイルを嫌っているのか、それとも単に自分自身のヘアスタイルが悪かっただけなのかはわかりません。言論の自由により、人々が特定の情報をどのように考え、認識するかを把握することが不可能になります。

　文化を超えたグローバルコミュニケーション
　ビジネスや人間関係が国境を越えた今、私たちはもはや地元コミュニティ内だけでコミュニケーションをとるわけではありません。私たちの交流方法が世界中に広がるにつれ、文化は混在してきました。一方では敬意を持った行動と考えられていたことが、別の地域では攻撃的であるとみなされる可能性があります。国境を越えて共存し、より効率的にコミュニケーションする方法を学びながら、お互いの違いを適応して受け入れていくため、出発には時間がかかります。

　言葉の壁を乗り越えなければならないだけでなく、相手がアイコンタクトに無関心であるのは退屈さのためではなく、むしろ敬意によるものである可能性があることを受け入れることが必要な場合もあります。時間をかけて、私たちは文化間のコミュニケーションにおいて相互に受け入れられる方法を開発しなければなりません。

　こうした世界的なコミュニケーションがますます影響力を持つようになるにつれ、その影響は国内で最も顕著に感じられます。多くの場合、人々は他人を理解できないというよりも、むしろ混乱やショックをもたらします。

　昔、会話の中心は狩猟、家族、子供、そして生存でした。会話の中心はこれらのテーマでしたが、今では銀行業務や投資からスポーツ、テクノロジー、さらにはデジタル化に至るまで、長く議論できるトピックやサブトピックがたくさんあります。

　興味はかつてないほど多様化しています。それらの間で会話を維持することは、非常に困難な課題となる可能性があります。自分とは興味が大きく異なる人と話していると、心がさまよってしまいがちです。これは混乱や行動の誤解につながり、相手の心を読むことが以前よりもさらに難しくなります。

　私たちの世界は急速に変化しており、その急速な進歩に遅れずについていき、人々と有意義で生産的な会話をすることが難しい場合があります。これを成功させ、それらを正確に読み取るためには、同じペースで進化しながら、これらの要素に留意し続ける必要があります。

第 4 章: 全体像を見逃していませんか?

　素晴らしい仕事に就くには何が必要ですか? mes もし単に学校教育と大学の成績だけで決まるのであれば、直接の面接は必要すらないでしょう。LinkedIn で潜在的な求職者のプロフィールを閲覧し、現在の職務に感銘を受けただけでオファーを受け取ったことがありますか?その可能性は非常に低いです。学位は、その人が理想的な候補者であるかどうかを必ずしも示すわけではありません。

　企業は、あなたの考え方、習慣、そしてあなたの考えや価値観が会社の考えや価値観とどの程度一致しているかを非常に重視しており、この側面は人生にも引き継がれます。たとえば、人生のパートナーを選ぶとき、単にコメディアンを探すだけではありません。むしろ、手を触れるなどの非言語的な手段を通じて世界がどのように機能するかについて、同じような理解を共有できる人を見つける必要があります。

　確かに、人生や人々はしばしば複雑になることがあります。コミュニケーションや社会的関係に関して、簡単な答えを持っている人は誰もいません。嘘、虐待、いじめ行為を警告する警告サインが常に表面に見られることはありません。人間の本性を研究することで、多くの驚くべき発見がもたらされました。これらの真実を驚くほど正確に明らかにする言語的および身体的行動のパターンがあり、私たちの存在のこの側面を理解することに専念する専門家によってよく研究されています。このような役割を担う個人には、秘密諜報員、心理学者、捜査官、カウンセラー、陪審員などが含まれます。人間のパターンを研究することで、誰かが正直であるか、秘密を隠しているか、犯罪行為を行っているかを迅速に判断できるため、潜在的な危険から自分自身と他人を守るためのより健全な判断を下すのに役立ちます。

　言うまでもなく、今日の社会では対人コミュニケーション能力がほとんど軽視されています。したがって、学生が選択したプログラムに関係なく、それらは学校や大学で教えられるべきです。読書をする人は心理学の研究だけに限定されるべきではありません。マーケティング担当者、医師、看護師、弁護士、採用担当者、スポーツ選手など、人々と関わるあらゆる専門家もこのスキルを学ぶ必要があります。

コミュニケーションと人物読解の習得

　人が読むことは、スピーキングとの関係と同様に、過小評価されているスキルであり、評価されないことがよくあります。誰もが同じように考え、同じように話すわけではありません。すべては、私たちの発言に影響を与える育ち、環境、感情、性格タイプに依存します。つまり、ある人が同じことを言ったとしても、別の人はそれをまったく異なる解釈をする可能性があります。結局のところ、それは、相手が言おうとしていることの意味を正確に推測するために、人々の文章を正確に読み取ることができるかどうかに帰着します。

　人間関係 ヘンリー・ウィンクラーによれば、思い込みは人間関係のシロアリである、これ以上に真実な観察はありません。誰が関わっているかは関係ありません。配偶者、両親、友人、兄弟:思い込みや誤解が、これらの関係に対立を引き起こす主なきっかけとなることがよくあります。多くの場合、彼らが興味を持っていない、または兄弟のどちらかが成果を共有しようとしていると誤解され、それがすり込まれていると見なされます。他人によるもの - 彼らの意図を疑うようなものです。

　私たちが本当に言いたかったことを彼らが理解していれば、感情や心からの不満が分離や不満として誤解されることはないだろう。私たちはあまりにも多くの場合、親密な関係であれば、自分のことを直接言わなくても、微妙なヒント、雰囲気、ベールに包まれたメッセージ、またはほのめかしを察知することを期待します。それが、コミュニケーションが芸術である理由ではありませんか。自分から発言しなくても、他の人の言いたいことを理解できるのです。

　時には、人間関係における兆候を正確に読み取ることが難しい場合があります。それらの兆候を正確に解釈したい場合は、理解、集中力、意識的な心のすべてが必要です。一度習得すれば、健全な人間関係を維持する上で大きな違いを生むことができます。私たちの隣に住んでいる夫婦は、夫が嘘をつくたびにけいれんすると信じていました。その結果、彼らは頻繁に喧嘩をしました！

　彼女が彼に難しい質問をするたびに、私たちは皆、印象的な口ひげで覆われた彼の上唇を注意深く観察し、それに応じてピクピクと動き始めるのを観察しました。その時の私の印象は、「彼女は彼の嘘を見抜く方法を正確に知っていた！」でした。彼らはそれをめぐって喧嘩することが多かったので、この情報は良い前兆ではありませんでした。数年後、彼らがセラピーを求めたとき、そのけいれんは彼が嘘をついているからではなく、むしろ緊張のためであることを知りました。そのような思い込みは彼らの関係に大きな害をもたらしました。

　人の話を正確に読めば、そのような思い込みを克服するのに役立ち、相手がどれほど言葉で自分の考えをうまく表現できても、人間関係をよりよく理解できるようになります。

キャリア
　あなたの上司が、単に仕事の納期が遅れたことにイライラしているのではなく、職場の外で仕事の予定通りの完了を遅らせるような問題を抱えていないことを知っていたら、あなたのアプローチは違っていたかもしれません。代わりに精神的なサポートとスペースを提供するということです。遅延を常に批判することで、相手との感情的な絆がより強くなり、機会、関係改善、より効果的なチームワークへの扉が開かれる可能性があります。

　医師、教師、マネージャーなど、ほとんどの仕事は結果を出すためにチームで協力する必要があります。医学から教育、管理職に至るまで、あなたの専門分野に関係なく、仕事を効率的に、そして最大限の能力を発揮して遂行するには、他の専門家を理解し、協力することが重要です。特にリーダーは、さまざまな個人と協力する必要があります。それぞれが異なる才能、欠点、課題や批判に直面したときの反応を持っています。なぜ誰かがそのように反応するのかを理解することで、適切に反応を調整し、その能力を最適に活用することができます。

　今日の企業は、従業員が最大の投資であり、最大限の能力を発揮するためには満足し幸せであり続ける必要があることを認識し、従業員にとって楽しい職場環境を作り出すことに多額の投資を行っています。従業員満足度をより重視してインセンティブが提供されるケースが増えています。企業は従業員一人ひとりの個性を尊重しながら、それに応じて感情的なニーズにも応えなければなりません。読書は、これを達成するための効果的なツールを企業に提供できます。人々が読書をすることは、幸福と生産性を促進する雰囲気を作り出し、従業員を維持するのにも役立ちます。

　　社会生活
　人々は私たちの幸福にとって不可欠です。それらは感情的な幸福、基本的なニーズ、そして全体的な精神的な幸福をサポートします。人間は皆、話を聞いてもらい、理解してもらいたいと願っているため、他の人がそうするための安全な場所を提供する人は、適切なエネルギーを引き寄せることがよくあります。無限の説明を必要とせずに、あなたが言おうとしていることを正確に理解した人と話すことを想像してください。あなたはおそらく、あらゆるイベントでその人を探し出すでしょう。

　精神的および感情的健康　私たち自身の考えを理解することは、十分に困難な場合があります。多くの場合、私たちの反応は無関係な原因から生じます。睡眠不足により不機嫌になったり、ほろ酔いになったりすることがありますが、理由が分からないうちに小さなことで簡単に反応が引き起こされる可能性があります。心の知能指数は、私たちが自分自身の感情を認識し、理解するのを助けることによって、私たちの感情と精神の両方の健康を維持するのに大きな役割を果たします。声に出して読むと、他の人の意図をより容易に解読できるため、別のレベルの洞察力が追加されます。たとえば、パートナーの爆発は、昼寝をしなかった2歳の子供と同じくらい簡単に起こる可能性があることを理解することができます。
　人々を理解することで、感情が高ぶったときでも冷静で前向きでいられるようになります。自分に向けられているように見えても、実際には他人によって引き起こされている冷やかしや発作から距離を置くことで、混乱や困難の時でも前向きでいられるようになります。
　人の気持ちを読むには時間と練習が必要かもしれませんが、他の人や自分自身とより強い関係を築く上で、それをマスターすることは価値があります。職場では、より生産的なチームワークが可能になり、社会生活では、理解して自由にコミュニケーションできる安全なスペースを提供することで、友人のより強力なネットワークを構築できます。

第 5 章: 前進する前に障害と偏見に対処する

　私たちが人々を理解することを妨げるものは何でしょうか？今のところ、一字一句読心することは可能性の領域からは外れていますが、人工知能、技術、医療がどれほど進歩しても、私たち全員の体内の複雑な神経回路を解読することはできません。それでも、私たちが話し言葉を正確に理解することを何かが妨げているのです。言語？

　人を正しく読むことを妨げているものは何ですか?
　人々を正しく理解するのに苦労していませんか?では、人々が特定の行動や言葉で何を意味するのかを正しく解読することを妨げているのは何でしょうか?人の話を読むことは、他の人の表情、口調、会話を理解するのと同じくらい簡単であるべきですが、これは常に起こるわけではありません。さまざまな機会に同じ人が発した同じ言葉が、まったく異なる意味を意味する場合があります。
　誰かがあなたに「あなたの言いたいことは分かります」と言うかもしれませんが、その口調は褒めているのか批判しているのかを示している可能性があります。
　時々、誰かの口調を簡単に拾ってしまうことがあります。そうでない場合もあります。私たちはさまざまな理由から、誰かの意味を誤解する可能性があります。私たちが人々をどのように解釈するかに影響を与えるいくつかの要因を次に示します。

　相手のことをよく知りすぎている、または十分にわかっていない: 誰かとの関係が強化されると、それに応じて相手のあなたに対する期待も高まります。私たちの愛する人たちは、私たちが自分自身のことを説明したり効果的にコミュニケーションしたりしなくても、その意味を理解することを期待しています。誰かを親密に知っているときは「目は物を言うべき」ですが、正しい考え方をしていないと、誤解が生じることがよくあります。あらゆる見た目の背後には、目に見える以上のものがあるのです。場合によっては、そのストーリーがあなたに知られていないことさえあるかもしれません。誰かが言うことや意味することは、その人の性格、環境、考え、その他の日常的な影響によって大きく異なります。なぜ誰かが機嫌が悪いのかを正確に知るのは難しい場合があります。それは上司が彼らに悲しみを与えたからかもしれません。
　よく知らない人の言葉や行動を誤解するのと同様に、相手のことを十分に知らないことも言葉や行動の誤解につながる可能性があります。内向的な人はあなたに対して何の敵意もありません。単に心を開くのに他の人よりも時間がかかるだけです。したがって、全員を平等に読もうとすると失敗に終わる可能性が高くなります。

　文脈を無視して兆候に注目する: アイコンタクトを避けることは、誰かが嘘をついていることを示す可能性があります。しかし、それは無関心や自尊心の低さを示している可能性もあります。人を読もうとするときに犯す可能性のある最悪の間違いの 1 つは、人を読もうとするときに文脈を考慮せずに読んだ内容を当てはめたり、あらゆる側面を考慮したりすることです。人を読むときは、1 冊の本の情報だけを 1 人に対する証拠として使用するのではなく、すべての要素を考慮する必要があります。

　ポーカーフェイスに陥る: 人の気持ちを読むとき、ボディランゲージ、言葉、表情だけを基にして推測しないでください。人物を読むには、個人に関するデータを収集してから、それを慎重に分析して、人物についての正確な推測を行う必要があります。たとえば、手のひらに汗をかいているからといって、誰かが緊張していると思い込まないでください。そわそわしている、大声で話すときに緊張しているように見える、話すときにどもっているなど、同様の緊張を示す他の兆候にも注意してください…重ね着しすぎて室内が暑すぎる！

　自分の感情に気づいていない:あなたは、他人の行動に夢中になっていて、相手の行動や相手に対する自分自身の認識に基づいて自分の気持ちを評価できていないだけかもしれません。おそらく、あなた自身の偏見、偏見、またはそれらに対する理解が、全体像を見ることを妨げているのかもしれません。人の心を正確に読み取るには、自己認識と、自分が人をどのように認識しているかを理解することから始まります。

　性格や状況を取り違え、行動を破壊する 人の行動に影響を与える重要な要素は 2 つあります。それは、環境と性格特性です。残念ながら、見知らぬ人や知人とコミュニケーションをとるときにこの 2 つを区別するのは難しく、人々がコミュニケーションしようとしている内容が誤って評価されてしまうことがあります。結論を急ぎすぎるということは、誰かの反応が個人的な好みによるものなのか、それとも対処しなければならない外部の力によるものなのかを理解するのに十分な時間を自分に与えることを意味します。

　確証バイアスに陥る:私たちが誰かについて先入観を形成し、心の中でその人にラベルを結び付けると、その後のその人の言動はすべて、その人に対するその評価を実証し、その人についての私たち自身の考えを裏付けるものとなります。しかし、これを行うことで、私たちは全体像を見ることを防ぎ、代わりに現実であると認識しているものに焦点を当てることができます。

　性格バイアスに屈する: 誰かが魅力的だと思うと、私たちの心の中にその人に対して過度にポジティブなイメージが生まれます。これは、習慣、趣味、選択が私たちと似ている人々にも当てはまります。私たちの意見は、予想とは異なる人に比べて、惹かれていると感じる人に対して好意的な傾向があり、そのため、その人が実際に誰であるかについての正確な評価が妨げられます。

　過去からの影響: 最近誰かに騙された場合、おそらく、今は誰かの言うことを信頼することに消極的になるでしょう。私たちの過去の経験は、私たちが他の人をどのように判断するかを形作る可能性があります。

　柔軟性のなさ: あなたが何かについて強い意見を持っていて、誰かがそれに同意しない場合、精神的な障壁が形成され、お互いを完全かつ客観的に受け入れて理解することが妨げられることがあります。たとえば、お金を賢く使うことを好み、賢い投資戦略に専念している場合、そのことを考慮せずにお金を使う人に対して否定的な評価を下す可能性があります。

　実際のところ、私たちは皆、他人から何が許容される行動であると考えられるかについて、先入観を持っています。似たようなイデオロギーや思考プロセスを持つ人々に引き寄せられたり、混じったりするのは全く問題ありませんが、自分のイデオロギーに合わない人々に対して強い判断を抱くと、他の人の考え方や行動を理解することと、私たちが彼らの視点や行動を完全に理解することの間に障壁が生じる可能性があります。他者を真に理解し、違いを受け入れるために。

第 6 章: さまざまなコミュニケーション スタイルを理解する

　環境、育ち、性格はすべて、私たちのコミュニケーション方法に影響を与えます。私たちの環境、育ち、性格特性はすべて私たちの言葉、考え、行動に影響を与えます。パーソナリティの専門家は、人々が通常利用する特定の特性とコミュニケーション方法を特定しました。攻撃的;パッシブアグレッシブ

　* 操作的

　人々のことをよく知るようになると、彼らのコミュニケーション スタイルを識別する能力が高まります。なぜその人がそのような話し方をするのかという理解も深まります。一見すると、受動的コミュニケーターはアイコンタクトを避け、あなたの言うことにすべて同意する傾向があるため、彼らのコミュニケーションスタイルを認識できれば、性格特性や人間関係をより正確に評価できるようになります。特定の状況や関係では、さまざまな形の対話が必要になります。コミュニケーションのスタイルは、誰が話すかによって異なります。嫌いな人に対処するときは受動的攻撃的な戦略を使用し、見知らぬ人と話すときはより操作的な方法を使用する可能性があります。これらのスタイルを理解することは、自分自身だけでなく他の人にとっても有益です。それでは、それぞれのコミュニケーション スタイルがどのように機能するかをさらに詳しく見て、他の人の同様のスタイルを特定してみましょう。

　アサーティブなコミュニケーションスタイル

　このコミュニケーション スタイルは、最も効果的な形式の 1 つとして広く考えられています。このアプローチを使用する人は確固たる信念を持っており、それを共有することを躊躇しません。彼らは他人の信念を軽視することなく明確に話します。異なる視点を尊重しながら、自分の視点を自由に表現する。彼らは、議論中に合意と妥協を求めながら、高い自尊心を示します。

　アサーティブコミュニケーターは、話すときに「私」をよく使うという事実によって簡単に見分けられます。たとえば、「あらゆる観点にもっと寛容になるべきだ」という言葉ではなく、「私たちは彼女の意見をもっと支持する必要があると思います」などと言うかもしれません。これらの人は、コミュニケーションの際にも前向きな態度を示す傾向があります。

　以下に、積極的なコミュニケーション スタイルを持つ人の明らかな兆候をいくつか示します。* 彼らは自信を持って自分のニーズや願望を表現します。

　* 彼らはアイコンタクトを維持します。* 彼らは適切な場合にはためらわずにノーと言います。* 誰もが自分のアイデアを貢献する平等な機会を与えられます。

　*「I」ステートメントを使用します。

　自己主張の強い話し手と効果的にコミュニケーションするには、相手が自分の考えを自由に表現できるようにし、スペースが与えられたら自分の気持ちを正確に表現できるようにします。自己主張の強い人は、この機会が与えられると自分の視点を自由に共有する傾向があるため、混乱を感じた場合に他のスタイルよりも読みやすく、解釈しやすくなります。質問だけしてください！彼らは喜んですべての答えを提供してくれるでしょう。

積極的なコミュニケーションスタイル

このコミュニケーション スタイルを使用する人は、攻撃的で敵対的になる傾向があります。彼らの会話における目標は常に、どんな犠牲を払ってでも勝つことであり、会話に対する自分の貢献が他の参加者の貢献よりもはるかに大きいと信じていることがよくあります。攻撃的なコミュニケーターは、話すときに威圧的で軽蔑的な口調をよく使います。このような人は、同じようなスタイルの人に対してより強く反発する可能性があり、会話の主導権をめぐる闘争に夢中になって発言ばかりしているため、やり取りを読むのが非常に難しくなります。

以下は、誰かが攻撃的なコミュニケーション スタイルを持っていることを示すいくつかの明らかな兆候です。* 彼らは他人の上で話す傾向があります。* 彼らは頻繁に指を指します。* そして最後に彼らは眉をひそめます。

* このような人々は、他人を威圧し、軽視し、批判し、脅迫する傾向があります。彼らはまた、要求が厳しく、支配的でもあります。

※自分の考えや考えを攻撃的な口調で表現するコミュニケーターは、「私が言ったから！」というような言い方をする傾向があります。自分の権威を主張するため。アサーティブなコミュニケーターと攻撃的なコミュニケーターの主な違いは、支配欲です。アサーティブなコミュニケーターは、指示されるよりも主導することを好みます。攻撃的なスタイルの人と話すときは、会話に焦点を当て、話題を逸らさないようにしてください。たとえ会話がそれてしまったとしても、相手のメッセージを理解しようとするときに相手の口調を考慮するのではなく、相手の言っている内容を評価して話を元に戻しましょう。

受動的なコミュニケーションスタイル

従順なコミュニケーション スタイルとも呼ばれる受動的なコミュニケーターは、衝突を避け、友好的な方法で会話を続けることで、他の人を喜ばせることに集中する傾向があります。彼らは対立を嫌い、同意するか「はい」と答えることがよくあります。最初はそう見えるかもしれませんが、このコミュニケーション スタイルを持つ人々は常に前向きな対話を行うわけではありません。自分の視点を伝える能力が不十分であるため、時間が経つと大きな憤りや否定的な感情を引き起こす可能性があります。受動的なコミュニケーターは、自分の考えをはっきりと表現することが難しいと感じますが、受動的なコミュニケーターは、自分の考えを率直に表現しているのをほとんど聞くことができないため、文章を読みにくくすることさえあります。

個人が受動的コミュニケーションに従事していることを示すいくつかの兆候を以下に示します。

※目を合わせることはほとんどありません。

* 彼らの姿勢は標準以下です。* 彼らの態度は「流れに乗る」傾向があります。

* このスタイルの人は、ノーと言うのが難しいことがよくあります。このスタイルの人々と効果的にコミュニケーションするには、多くの質問をして、彼らの視点を表現するよう促すことが最善です。

パッシブアグレッシブなコミュニケーションスタイル
　誰もがコミュニケーションにおいて独自のグレーの色合いを持っています。パッシブアグレッシブなコミュニケーション スタイルも例外ではありません。コミュニケーションへの 2 つの異なるアプローチを融合したもので、事前に受動的に行動し、紛争の兆候があれば待機して攻撃性を示すことが含まれます。こうした人々は、一見楽しそうに見えますが、表面下ではかなりの恨みや怒りを抱いている可能性があります。
　憤りは、ゴシップ、皮肉、恩着せがましい態度、または間接的なコメントや不満を間接的に表現する発言として現れることがよくあります。このコミュニケーション スタイルを持つ人々は通常、未解決の問題に対処しており、受動攻撃的なコミュニケーション スタイルを使用して間接的にそれを示しています。＊ 皮肉を頻繁に使う ＊ 彼らの言葉と行動が一致していない ＊ 感情を認識するのに苦労している
　＊ 表情が話している内容と一致していない。
　「動揺しないでください！それはただの冗談です！」などのフレーズを使用する場合があります。または、「何が起こっても、私は気にしません！」そして、意図を伝えるときに受動的攻撃的または意地悪な印象を与えることがよくあります。したがって、彼らの発言のほとんどは未解決の対立や問題から来ているため、これを解釈するのは最も困難です。

　操作的なコミュニケーション スタイルを使用する人々 このコミュニケーション スタイルを使用する人々は、欺瞞と影響力に依存して、会話や他の人の行動の結果を言葉で形作ります。彼らが発するすべての言葉は、彼らが得ようとしているものによって動機付けられているように見えるため、彼らのスピーチは解読するのが難しい場合があります。彼らの本当の意図は、多くの場合、何層もの欺瞞や操作の下に隠されたままです。このような人はしばしば恩着せがましく見えることがあり、あなたが彼らの言うことに同意するまで全力を尽くします。
　以下は、あなたが操作的なスタイルで誰かと話している兆候をいくつか示しています：＊ 彼らは通常、強い信念を持って発言します。＊ 相反する視点に直面するとうまく反応しない傾向があります。＊ 視線をより長く保持します。
　＊彼らは話すときに身振り手振りを使います。
　このような講演者と対話するときは、忍耐と冷静さを同等に発揮する必要があります。自己主張を持ちながらも自分の信念をしっかり持ち、感情的に反応しないようにしてください。彼らの意見があなた自身の意見に影響を与えることを許可しないでください。しかし、どちらにも反対しないと、彼らは孤立してしまいます。コミュニケーションのスタイルは、個人について多くのことを明らかにします。もちろん、それらは通信相手によって異なります。これらのスタイルに細心の注意を払うことで、応答を適切に調整し、人々をより徹底的に理解するためのより深い洞察を得ることができます

第 7 章: 文化を理解する

　文化は、伝統、民間伝承、儀式、言語使用、ライフスタイルの選択、信念など、さまざまな要素が集まった結果です。これらはすべて、私たちがお互いにコミュニケーションし、理解する方法の形成に貢献します。文化は地理的にだけ存在するわけではありません。関係にある 2 人は、コミュニケーション、言語使用、儀式が影響を及ぼし、さらに形づくるにつれて、時間の経過とともに独自の文化を発展させます。異なるビジネス、地域、またはあらゆる種類の関係も同様です。

　誰かを理解しようとするときは、その人の文化も理解する必要があります。誰かの出身地を知ること。彼らの信念と習慣。同様に、その人を特別なものにする個々の儀式や習慣も、その人への共感を育む上で非常に重要です。

　特定の規則や習慣に従うことに慣れている人々は、多様な儀式を持つ人々とは異なる関わり方をする傾向があります。誰も時間通りに到着しない会議に出席することに慣れている人は、その重要性をそれほど認識せず、時間管理スキルの欠如は文化的適応ではなく規律の問題によるものであると信じ込むようになります。

　特定のスタイル、言語、コミュニケーション形式を特徴とする文化の出身者は、自分の文化外の人とコミュニケーションをとるときに、これらの影響を持ち込む可能性が高くなります。

　人々を理解しようとする観察者として、彼らの文化的背景に細心の注意を払う必要があります。これには、宗教や民族だけでなく、特定のコミュニティ、組織、またはその他の影響力に属するために発展した可能性のあるその他の小さな文化も含まれることに注意してください。

　コミュニケーションと文化は相互依存しています。文化は個人間の相互作用を通じて生まれ、相互コミュニケーションを促進し、社会全体を形作るパターン、法則、ルール、儀式を生み出します。私たちのコミュニケーションは、日常の必需品となったグローバルなコミュニケーションを通じて常に進化する文化のバックボーンを形成しています。

　さまざまな文化や民族の人々が、さまざまな方法で頻繁に交流します。

　今日の文化は、単なる 1 つの在り方や物事のやり方をはるかに超えたものを包含するようになりました。コミュニティや社会が社会的または職業的に誰と交流するかに応じて、その空間内にはさまざまな文化や儀式が存在する可能性があります。

　そのため、人々を読んで理解することは、同じくらい簡単であると同時に、より困難になってきています。お互いをよりよく理解するには、思い込みを打ち破り、同じ屋根の下でさまざまな信念、ルール、儀式を受け入れるスペースを提供するスペースを作成する必要があります。ただし、さまざまな文化を持つ人々とコミュニケーションを取り、理解する際には、次のような特有の課題に直面する可能性があります。

　人々のコミュニケーションの方法は異なります。私たちの言語は、使用する単語やフレーズと同様に異なります。「何でもいいよ」という一見単純なフレーズでも、文化によって解釈が異なる場合があります。サムズアップは、誰に与えられたかによって、肯定的なものにも攻撃的なものにもなります。座席の配置から個人間の距離の違いに至るまで、すべては世界中の国によって異なって理解されています。

　誰もが同じように対立を処理できるわけではありません。これを生産的な結論に達する手段と見る人もいれば、挑戦的であると考える人もいます。文化を超えてコミュニケーションをとるときは、他の人の感情に敏感になり、あなたや他の関係者がとった特定の行動に相手がどのように反応するかに細心の注意を払う必要があります。

　パーソナルスペースを尊重します。新型コロナウイルス感染症により、私たちは社会的距離を保つことを余儀なくされたかもしれませんが、他の文化でも物理的な接触や接近は受け入れられません。人の気持ちを正確に読み取ろうとするときは、これらの点に注意し、近づきすぎたり、無理に早く入りすぎたりして、誰かのパーソナルスペースを侵害しないように注意してください。

　この多様性に富んだ世界に住む人々として、私たちは生存と充実感を得るためにお互いに依存しています。このニーズに効果的に応えるためには、お互いの文化の違いや限界を考慮することが重要です。まず、その人の言葉や行動が何によって形成されているかを理解することなしに、その人を正確に読み取ることは期待できません。誰かの言うことは、その人の人生の信念や経験すべてを反映している可能性があります。優しさを示すことは、私たち全員の絆を強化するのに大いに役立ちます。

パート 2: 読書をする人の心理学

　友人と会話をした後、突然、相手があまり反応しなくなり、自分の意見をあまり示さずに、あなたの言うことにただ頷くだけであることに気づきました。その瞬間、相手の気分を正確に読む方法を知りたいと思うでしょうが、これには忍耐と理解が必要です。それでも確実に達成可能！

　人を読むことで、その人へのアプローチ方法が変わることもあれば、その逆も同様です。人の感情やニーズを理解することで、適切な対応が可能になり、人間関係を深めることができます。コミュニケーションのスタイルとトーンを調整して、人々とより深くつながります。しかし、人の心を読むとき、何に焦点を当てるべきでしょうか？彼らがなぜそのような行動をするのかを理解することで、人間の心理を洞察することができます。まさにそれがこのセクションで説明する内容です。

　第 2 部では、何世紀にもわたる研究、科学的発見、人間性の考察を通じて人間の心を理解することに焦点を当てています。私たちは、さまざまな性格タイプや、人々の思考パターンや行動を動機づける基本的な人間のニーズを明らかにするのに役立つさまざまな理論を取り上げます。これらの知識は、あらゆる階層のさまざまな人々に対処するときに非常に貴重であることがわかります。

第 8 章: 他人を動かすものを見つける

　何が人を動かすのか考えたことがありますか 日々の動機や欲求という観点から、何が他人や自分自身を動かすのか考えたことがありますか?彼らの原動力を特定しましたか あなたを駆り立てるものについて考えたことはありますか?あなたのハッスル意欲を駆り立てるものは、おそらく他の人も同様に駆り立てるものです。

　何があなたを人生に駆り立てますか？

　この百万ドルの質問を理解することは、あなた自身とあなたに最も近い人々の両方に劇的な変化をもたらす可能性があります。モチベーションとは、すべてを所定の位置にしっかりと維持する力です。

　人々を理解するためには、人々の動機を見つけることが鍵となりますが、人はそれぞれ異なるため、これは難しい場合があります。自分の過去と現在は、途中で遭遇する困難にもかかわらず、人生を前進させる動機となる目標に影響を与えます。

　したがって、人々の動機を完全に理解するには、その人を個別に知る必要があります。人々と直接会い、親密なレベルでつながることで、その人の過去の経験、乗り越えてきた苦労、人生のキーマン、人生で追求したい夢や目標などを知ることができます。彼らの性格を組み合わせて、人生の原動力を明らかにします。

　研究者や心理学者によると、すべての人は生まれながらに、自分を駆り立てる 3 つの普遍的なニーズを持っています。

　1. 独立性 - 個人的な選択をする動機 - が最も重要ですが、2. 熟練度は何かを認められるための動機となります。

　3. つながりの必要性 - 他人から大切にされていると感じたいという欲求 [3]

　したがって、誰かの変化の動機を理解しようとするときは、その人が会話で持ち出す話題に細心の注意を払ってください。彼らの原動力は、物事、財政、その他の生活の側面をコントロールしたいという欲求ですか？または、より競争力のあるキャリア目標を掲げて職場でより高い地位を獲得したいという願望。それとも、単に友人、同僚、家族など、人生の中で利用できるものであり、存在しているだけなのでしょうか？

　彼らと話をすると、何が彼らを動機づけているのかがわかります。これら 3 つの基本的な本能がモチベーションを与える可能性があります。しかし、個人のモチベーションを刺激する他の力も存在します。

　名声と権力を重んじる人もいます。政治家や経営者、組合評議会のリーダーなどの権力の高い人たちが政治家や組合評議会のメンバーなどの役職に就いているのを見ると、おそらく彼らはキャリアのはしごをさらに上に昇進することに駆り立てられているでしょう。サービス提供や施設管理などを改善する取り組みを通じて変化をもたらす機関や国の中でリーダーシップの役割を引き受けることにモチベーションを見出している人もいます。

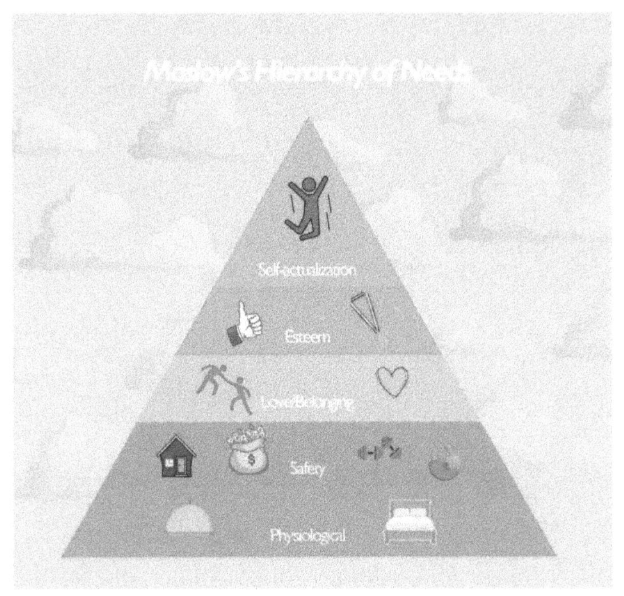

　この意欲は、彼らの言動だけでなく、行動からもわかります。このようなタイプの人々とつながるには、直接的、事実に基づいた、論理的な表現を心がけてください。彼らは自分の時間を非常に大切にしています。あなたが彼らの時間を尊重すれば、彼らもあなたを尊重するでしょう。

　外的な力によって動かされる人もいれば、情熱などの本質的な要因に動機を見つける人もいます。これには、世界中を旅したり、他の人に利益をもたらす何かに取り組んだりすることが含まれる場合があります。情熱を刺激する話題について議論するとき、人々は目を輝かせます。より大きな目標のために、睡眠、余暇、健康を犠牲にすることがよくあります。

　情熱が行動の原動力となっている人とつながるとすぐに、感情的な絆を築くのが容易になるはずです。人々の影響を理解すると、それらを理解する最善の方法についての推測が不要になります。

　マズローの欲求段階説）
　人間の心と感情をより良く理解するために、アブラハム・マズロー（アメリカの心理学者）は、人々のモチベーションの原動力としての基本的なニーズを説明するニーズ階層理論を開発しました。この理論は、ピラミッド表現で 5 つのレベルで構成されます。

　基本的なニーズが満たされると、最終的な満足に達し、ピラミッドの最上位レベルに到達するまで、追加のレベルを満たすことに焦点を当てます。

　マズローは、人間はより複雑な要件に進む前に、基本的な要件を満たすように動機付けられると信じていました。

　これら 5 つの階層レベルを分析して、人生において個人が努力をさらに前進させる動機をより深く理解しましょう。

　レベル I: 生徒の生理的ニーズ

　これらの基本的なニーズは人間の生存に不可欠であり、次のものが含まれます。
※水 >> 食べ物.4vetement 衣と住。
* 休む
ピラミッドの底辺には、生死を決めるこれらの欲求があります。たとえ強い人間関係と自信があったとしても、生きるための食べ物がなければ、あなたの生存は危険にさらされます。基本的なニーズが満たされていないため、人間関係も同様に、四角い穴を埋めようとするかのように、その空白を埋めるために他の情報源を探すでしょう。丸ペグ付き！

　マズローの欲求段階のレベル 2 マズローの欲求のはしごを上に進むと、生理学的欲求がすでに満たされている人にとって、安全とセキュリティが最優先事項になります。これらのニーズは、生活のコントロールと秩序への欲求から生じ、次のものが含まれます。* 健康とウェルネス * 経済的安定 当初、これらの懸念は限定的な訴求力しかないかもしれませんが、マズローのピラミッドを上に進むにつれて、生理学的ニーズを持つ人々など、最優先の考慮事項になります。すでに満足しています

　* 怪我や事故からの保護 こうしたニーズにより、個人は昇進の可能性のある良い職に就き、健康保険を確保し、普通預金口座に寄付し、盗難や暴力から身を守るために安全な地域に住むことが求められます。

　マズローは、彼の階層のレベル 3 には愛と所属の欲求が含まれると次のように説明しています。これらの社会的ニーズには、帰属、受容、愛が含まれます。感情的ニーズは、これらの本能を満たす、恋愛関係、友情、社会的環境やコミュニティグループなどの対人関係や所属に対応します。
* 宗教団体
　他者から愛され、感謝されていると感じることは、孤独、不安、憂鬱、悲しみの感情と闘う鍵となります。愛着は意味のある目的を提供することで、人生に帰属しているという感覚を生み出します。感情的な絆は、人類進化のこの段階で人間の行動を動機付ける上で非常に重要です。

　マズローの欲求段階を上に進むにつれて、要件はより複雑になります。この段階では、尊敬の欲求が人々の主な動機となっています。尊敬と称賛の欲求を満たしてあげることが、すべての原動力なのです。人々は、スポーツ活動、職業上の成果、学業での成功、または自尊心の要件を満たすことに貢献するその他の手段に、より多くの時間と努力を捧げます。

　この段階の人々は、自分が社会に有意義な貢献をしており、貴重な一員であると感じたいと考えています。達成された幸福とは、自分自身に満足することを意味し、それが周囲の人たちに力を与えます。他人の生活にプラスの影響を与えることは、他人の生活をより良くするための重要な検証源となります。

　このレベルのニーズを満たすことができない人々は、多くの場合、劣等感を抱き、自尊心の低下の問題を抱えやすくなります。その結果、自分たちは人間関係に属しておらず、他人は人間関係にいないほうが幸せだと信じ込んでいます。これらの劣等感は傷を引き起こし、結果として対人関係を損なう傾向があるため、これは対人関係に悪影響を及ぼします。

　ただし、最も高いレベルにあるニーズであっても、依然として全体的な生活の質に影響を与える可能性があります。

レベル 5: 自己実現の欲求

　個人の基本的なニーズが満たされると、自分の内面を探求し、自分の才能を個人の成長に応用することで、自己実現のニーズを満たすことに進むことができます。このレベルでは、あなたの最終的な目標は、生涯を通じて続く深いレベルの充実感を達成することです。

　理想の自分について同じ考えを持っている人は一人もおらず、それが行動に影響を与えます。より多くのお金を稼ぐことに重点を置く人もいます。創造的な分野で印象を残そうと努めたり、社会奉仕活動にボランティアとして参加したりする人もいます。さらには、自己啓発や恩返しを通じて内面の充実を求める人もいます。誰もがこの究極の満足感に到達することを切望しますが、挫折によって進歩が妨げられることもよくあります。最終的にこのレベルの満足感に到達するまでに、何人かの個人がピラミッドを上っていきます。

　マズローは、この最上位のレベルを「成長欲求」、下位の 4 つのレベルを「欠乏欲求」と特定しました。不足したニーズを満たそうと努力すると、食糧不足、経済的負担、孤立感など、さまざまな面で貧困につながる側面が生じる可能性があります。マズローの欲求階層の各レベルを上がっていくことで、不幸は一歩ずつ解消されていくのです。

　逆に、レベル 5 の欲求が満たされなかったとしても、食料、経済、安全の面で直ちに困難が生じることはありません。むしろ、それらは個人として自分自身をさらに発展させたいというあなたの願望から生じており、あなたの幸福度に重大な悪影響を与える可能性があります。

　マズローの理論は、しばしばそれ自体を厳格な階層構造として描写します。しかし、多くの人は、その実現は個人のニーズに基づいた揺るぎない進歩に従うものではないことに気づいています。たとえば、愛や承認の欲求よりも自尊心の欲求を優先する人もいるかもしれませんし、創造的な成果が基本的な必要性さえも完全に覆い隠してしまうかもしれません。それはすべて個人の優先順位によって決まります。

　マズローの欲求理論では、行動動機を構成する 5 つの中核的欲求が示されています。個人がピラミッドのどの段階に該当するかを理解することで、個人をよりよく理解し、効果的にコミュニケーションを図ることができます。

第9章: 人間を理解する

　　Tが科学と呼ぶのは、人間の行動のような複雑なものを理解するには、心と行動を注意深く分析する必要があるからです。このような研究を分析すると、人々に共感するだけでなく、人々が怒り、悲しみ、幸せ、またはその他の感情を抱いているように見えるときに適切に反応するためのツールが得られます。

　　ユングの4つの心理的機能の理論について考えたことはありますか。なぜ一部の人は大規模な社交的な集まりではよりくつろいでいるように見えるのに、他の人は小規模で親密な環境に留めておくとより繁栄するのか、疑問に思ったことはありますか?いつも楽しむ準備ができている人がいる一方、火のそばで本を読みながら内省的な夜を待ち望んでいる人もいるのはなぜか疑問に思ったことはありませんか?

　　各個人の意識的なエネルギーと興味は、個人の心理的経験や環境の影響に基づいて異なる方向に流れるため、この理論はスイスの精神分析者で心理学者のカール・ユングによって提唱されました。彼によれば、特定の態度と機能は、その支配的な性格タイプを決定する対立する傾向として人格の中で支配的です。これらの方向によって、その人の態度タイプ、つまり内向的か外向的かが決まります。

　　ユングは、支配的な態度や機能は人間の意識の一部となり、その反対は無意識の性格特性を表すと指摘しました。このような傾向は、ストレスや夢を通じて表面化することがよくあります。

　　ユングの4つの心理的機能の理論を検討する前に、その基礎を構成する彼によって説明された2つの性格的態度を簡単に見てみましょう。

　　内向性と外向性 -- 態度の内訳
　　内向性と外向性は、エネルギーの出し方によって決まる態度スペクトルの対極を表します。外的要因に対する人の方向性も影響します。

　　内向的な人は、自分のエネルギーを物から引き出し、外部の影響がそれらに力を及ぼさないようにする傾向があります。一方、外向的な人は、これらの対象と積極的な関係を築こうとしてエネルギーを拡張する傾向があります。定義上、内向型は内面に焦点を当て、外向型は外部環境に重点を置きます。今日の心理学者は、これらの気質は遺伝的に伝達される可能性があるというユングの理論に同意しています。

　　ユングの理論では、私たちは思考、感覚、直観、感情という主要な性格的態度に基づいて4つの異なる方法で反応する傾向があると述べています。

　　彼はさらに、これらの機能を2つの異なるグループ、つまり、合理的 (思考と感覚) と非合理的 (直観と感情) に分類しました。

　　内向性と外向性を単独で理解することはできません。むしろ、個人の性格の全体像を作成するには、これら4つの機能の文脈の中でそれらを捉える必要があります。この理論は、人間の類型学の複雑さを実証しようとしています。

　ユングの理論では、外部条件に応じて、4 つの機能すべてが異なるタイミングで支配的になる可能性があると考えられています。しかし、通常、生来の傾向または発達要因により 1 つの機能が際立っています。これがユング理論がそれらを説明する方法です。

　思考: この形式の評価は、経験の真偽を評価し、論理干渉と分析を通じて現実を分析し、情報に基づいた意思決定を行うために、オブジェクト間の論理と概念的な相互依存性に依存します。このプロセスには体系的かつ合理的な思考が含まれており、体系的な相互作用と調査を通じて現実を理解するのに役立ちます。

　感覚: この機能は、論理的な評価や推論を行わずに、経験に割り当てられた美的価値を表します。代わりに、感覚は躊躇することなく物事がどのように現れるかに基づいて認識されます。文脈、意味、含意、別の解釈などの概念はその範囲外であり、感覚に現れる情報を正確に表します。

　直観: 直観機能は、詳細な分析や論理的推論ではなく、直感や状況の一般的な認識に焦点を当てています。直観は、それを裏付ける証拠や証拠がなくても、状況、関係性、状況の潜在的な可能性を理解することで方向性を示します。状況を直感的に読み取ってイベントに意味を加えると同時に、すぐには気づかない可能性のあるパターンを拾うことも、この機能の一部です。

　感情: 感情は、自分の偏見、好き嫌いに基づいて状況を評価する感情的な機能です。意思決定は、同様の状況に対する感情に影響を与える過去の経験に基づいて行われますが、これは常に主観的なものです。

　ユングの 4 つの心理的機能の理論では、合理的機能と非合理的機能がスペクトルの対極に位置します (つまり、感情は思考の反対であり、直観は感覚の反対です)。そのため、感覚が主要な機能である場合、直観は二次的な機能には含まれません。むしろ、考えたり感じたりすることは、積極的な意思決定者が無意識のうちに意思決定プロセスに関与し続けることになるでしょう。
　同様のロジックが性格特性 (内向性と外向性) にも当てはまります。あなたの支配的な思考モードが内向的であれば、潜在意識の感情モードは外向的になる可能性があります。
　人々は自分の二次的機能を効果的に使用するのが難しいと感じることがよくありますが、練習と行動の意識を通じて、これらの潜在意識の能力を意識的な思考パターンに高めることができます。
　人の心を読み取るには、その人の主な機能が内向的か外向的かを知ることで行うことができます。これは、社交的な好み、表現力、社交サークルなどの共通の兆候から推測できます。この情報が確立されると、意思決定を行うときに通常どのような機能が使用されるかを予測できます。

　1970年代以来、精神科医はエニアグラム性格理論を使用して個人の特徴や特徴を特定してきました。これは 9 ポイントの図で構成されており、各ポイントは人々が自分自身や他者に対してどのように考え、感じ、行動するかに対応する 1 つの性格タイプを表します。各ポイント内には 27 のサブタイプがあり、感情、行動、思考を表す 3 つの主要な中心があり、これらはすべてさまざまな環境での私たちの行動に影響を与え、最終的には私たちの根底にある動機によって決定されます。

　エニアグラムは、個人の性格をより深く理解するために、主要な動機、恐怖、行動に基づいて人々を特徴づけようとします。エニアグラム分析を使用して人々を読み取る場合、その性格タイプは、その人の長所と短所、および社会全体との関係についてのより深い洞察を提供します。さらに、エニアグラムは、個人がそのように行動する理由の背後にある動機を理解するのに役立ちます。

　エニアグラム理論は、人は 1 つの主要な性格タイプを持って生まれますが、これは経験や外的要因によって変化する可能性があると主張しています。外的特性と生まれ持った特性は相互に影響し合う傾向があります。本能的な性格特性は、ストレスの多い状況で人がどのように反応するかを決定します。その結果、彼らの性格は不安になったり、穏やかになったりすることになります。

　この理論体系は、人々が 1 つのカテゴリーにきちんと当てはまるわけではないという事実をさらに強調しています。彼らの性格は、基本的なタイプと、気質修飾子または翼として知られるいくつかの追加の「翼」を組み合わせた複数の特性で構成されます。翼は気質にある程度の影響を与えますが、主要な性格タイプを大きく変えるわけではありません。この理論によれば、特定の特性は習慣や健康などの外部の影響によって変化する可能性がありますが、基本的な特性は時間が経っても一定のままである傾向があります。

　個人はいくつかの性格特性を持っている可能性があり、支配的なタイプが常にその人にとって最も重要なものとして際立っています。エニアグラム テストは、これらの性格特性を特定するのに役立ちます。

　さて、考えてみましょう:性格のエニアグラムに含まれる9つの性格タイプは何ですか？それらをさらに調べてみましょう。

　エニアグラム タイプ 1 – 原則的な改革者 この性格タイプに属する人々は、道徳的および倫理的に正しく行動したいという願望によって動かされます。彼らは、人生のあらゆる分野において、誠実さ、原則、自制心、完璧さを大切にします。タイプ 1 は、人生のあらゆる分野で自己マスタリーと卓越性を目指して努力しながら、自分自身と周囲の人々の両方を受け入れる傾向があります。彼女らは自分自身と身近な人の両方に対して受け入れる傾向がありますが、自分の欠陥が表面化したり、自分が不適切であると感じたりすると、時には不寛容で批判的になることがあります。

　タイプ 1 は通常、エニアグラムの行動中心に住んでいますが、その行動と制御は原則、規律、自己規律を通じて内側から来る傾向があります。これらの原則は指導力として機能し、ワンズを組織的で品質に重点を置いているように見せます。

　このカテゴリーに属する人々は、善悪に対する鋭い感覚を持ち、自分自身と周囲の人々の両方に高い基準を設定する傾向があります。彼らの内なる会話には、自分自身に対して内なるスコアカードを保持しているため、多くの「私はしなければならない」または「私はそうすべきだ」という発言が含まれることが多く、潜在的に人生の拡大と縮小につながる可能性があります。

　怒りの発作が頻繁に起こることで知られていますが、通常は怒りをコントロールしています。彼らの怒りは通常、他人が無責任または非倫理的な行動をしたときに、憤りや苛立ちとして現れます。極端な場合には、受動的攻撃的な行動として現れ、身体の硬直が増し、他人を批判しているにもかかわらず異常に礼儀正しくなり、しばしば外部からの批判を受け入れられないように見え、欲求不満、そして最終的には怒りへの道へと導きます。

　タイプ 1 は比較的まれです。54,000 人以上の回答者を対象としたある研究によると、タイプ 1 を構成するのはわずか 10% です。[6]

　エニアグラム タイプ 2 -- 思いやりのある援助者

　タイプ 2 は、周囲の人々から大切にされていると感じたいという本質的な願望を持っており、有意義なつながり、寛大さ、優しさ、無私の心を育むことを非常に重視しています。彼らの目標は、最も近い人々にサポートと配慮を与えることで、世界を愛に満ちた環境にすることです。

　タイプ 2 は、最高の状態では、謙虚さと謙虚さを世界と共有する、温かく愛情深く寛大な人物になります。残念ながら、あまり健康的でないタイプ2は、自己中心的で操作的で、報酬のためだけに与えるように見えるかもしれません。彼らの内なる声は、他人が自分を愛し、必要としている場合にのみ自分に価値があると告げており、それが彼らに自分自身を過剰に拡張し、必要以上に与えてしまう可能性があります。

　タイプ2の行動パターンは、関係を発展させたいという欲求によって動かされます。したがって、彼らは親密な絆と友情を築くためにエネルギーと努力を注ぎ、他の人を特別で感謝されていると感じさせる寛大な賞賛や賛辞のジェスチャーで人々を引き込みます。タイプ 2 は、誰かが助けを必要としているとき、または誰かが自分の大切な人に危害を加える可能性があると感じたときにすぐに対応し、すぐに優れたアドバイスを提供する傾向があります。

　タイプ 2 の思考プロセスは、考慮と思慮深さによって導かれます。彼らは、たとえ自分の欲望に気づいていない人であっても、他人のニーズに同調するので、彼らの考えはしばしば他の人や、有意義な方法で彼らとつながる方法に消費されます。その結果、精神的エネルギーのかなりの部分が、つながりを築こうとすることに費やされる可能性があります。

　タイプ2は、必要不可欠であると感じることに大きな喜びを感じる傾向があり、それが高慢な自尊心や自分の重要性の誇張された感覚につながり、最終的に対人関係を損なう可能性があります。

　タイプ 2 の感情は、温かく協力的なエネルギーとして外部に現れる傾向があります。彼らは強い共感力を持っているため、他人の感情を察知してそれに応じて反応することに長けており、通常は人に対して友好的ですが、無視されたり不当に扱われたと感じると怒りが激しくなって驚くことがあります。タイプ2は、不当に扱われていると感じたり、無視されたり無視されたりすると精神的苦痛を感じるときに、大切な人を守るときに積極的になります。

タイプ 2 は人口の約 11 パーセントを占め、その割合では男性よりも女性の方が多くなっています。

エニアグラム タイプ 3 -- 競争力のある達成者

競争力のある達成者は、自分自身を上回り、より大きな成果で以前の成果を超えたいという欲求によって動機付けられています。彼らの目には結果、評価、効率が最も重要視され、新たなレベルの成果を達成するために状況に応じて行動を適応させるようになります。

最高の状態では、これらの個人は、世界中に誠実さと希望を広める、原則に基づいた勤勉で意欲的な個人として見られます。しかし、時には、成功への欲求があまりにも彼らを消耗させ、人生の重要な人間関係から遠ざけてしまうことがあります。これにより、彼らは特に自分を大切にしていると感じ、言葉ではなく行動を通じて自己価値感を高めます。

実行者は、目標指向の行動計画を持って行動する傾向があります。彼らのエネルギーと集中力は、タスクを効率的に達成することに向けられています。この性格タイプに属する人の多くは、期待される行動、役割、期待に合わせて自分のペルソナを簡単に変えることができます。彼らの競争心は、レクリエーション活動や仕事中に現れることがよくあります。この性格タイプの人は、自分がより輝ける活動や競争を見つける傾向がありますが、社交タイプ 3 は、グループ内でリーダーシップの資質を示す機会としてチーム競争を好みます。いつでも。

タイプ 3 の思考パターンは、性格に楽観的な利点を与えます。彼女らは失敗を、目標に向かって前進することを妨げるのではなく、学ぶ機会として捉えています。タイプ3は、他の人を無視しながら、自分の視点を裏付ける情報を強調する傾向があります。彼らの成功は、正しいことに集中し、計算された決定を下す能力にあります。彼らの素早い思考プロセスにより、適切なコミュニケーションとエンゲージメントのスキルを身につける前に、あらゆる状況を素早く把握して、物事を計画通りに進めることができます。

彼らの競争は、自分を他人と比較し、比較の良し悪しで自分を判断したいという欲求から生じており、多くの場合、それが個人としての自分の一部になるまで、自分の仕事に完全に没頭します。

彼らの感情パターンにより、どんな状況からも感情的に解放され、客観的で合理的な決定を下すことができます。ストレス、恐怖、不安などの否定的な感情は彼らを消耗させませんが、それでもフラストレーションや怒りを経験します。

タイプ 3 は、何らかの形で成功に貢献できる場合は、人々の悪い面に立つことを可能な限り避けることを目的としています。彼らは、人々が自分の態度や行動にどのように反応するかを知っています。外見的には友好的に見えても、心の中では他人に対して不信感を抱いている可能性があります。彼らの焦点は他人に自信を投影することにあり、そのため、これを行うことから集中を奪うものはすべて抑制され

ます。他の人は、この行動のせいで、タイプ 3 が動じていない、または真剣であると
さえ認識するかもしれません。

　エニアグラム タイプ 3 は、最も珍しい性格タイプの 1 つです。前述の研究に参
加した54,000人の参加者のうち、この性格タイプに該当する人はわずか11%でし
た。ほとんどの人が自分を男性だと認識していました。

　エニアグラム タイプ 4 -- 強烈なクリエイティブ
　エニアグラム タイプ 4 は、言葉、仕事、または言語自体を含むその他の手段を
通じて、独自の創造性を表現することに駆られています。彼らは個人主義を重視す
るため、自己表現と感情を非常に重視します。

　根っからのロマンチストであり、美の崇拝者であるタイプ 4 は、本当の意味で真
のクリエイティブです。このカテゴリーに属する人は、最高の状態で、繊細でありな
がら満足感があり、独特の本物のセンスを持っています。最悪の場合、自分の欠点
や傷を認識しているために、気まぐれな性格や憂鬱な印象を与える可能性がありま
す。彼らのセルフトークには、自分自身をありのままに表現することで人生の目的を
求めることが含まれます。

　タイプ4の行動は、自分自身を表現したいという欲求によって動かされていま
す。彼らは、多くの場合、内なるアーティストを引き出したり、シンボルを使用したり
して、大切な人たちと深い経験を共有することで成長します。彼らの風変わりな性
格は、自分の欲望を満たさない退屈な仕事を実行するときにイライラし、幻滅するこ
とがよくあります。

　タイプ 4 は、個人的な経験を聴衆と共有する「私は」、「私の」、「私の」などの発
言を使用する傾向があります。一見、自分のことに夢中になっているように見えるか
もしれませんが、実際にはこれが彼らが他者とつながり、人間関係を築く方法なの
です。

　あなたの思考パターンは、自分自身の欠けている部分など、人生の穴を埋めた
いという欲求から生じています。彼らは、ポジティブなデータを無視しながら、自分
自身についてのネガティブな情報を内面化する傾向があり、ポジティブなニュース
を無視しながら、自分自身についてのネガティブなメッセージを内面化するようにな
り、その結果、誰かが自分たちについてネガティブな意味を示唆するたびに反応を
引き起こす可能性があります。彼らの判断は論理ではなく感情に大きく依存するた
め、感情によって判断が鈍くなります。これは、重要な決定を下す基礎となる経験
や感情的なつながりに基づいた判断の偏りにより、偏った決定を下してしまうことが
よくあります。

　タイプ4の内省的な性質は、彼らを快適にするには深すぎる思考の道に彼らを
導く傾向があり、最終的には自尊心を低下させ、他の人に誤解されるような否定的
な思考の道に彼らを導きます。

　タイプ4の感情は最大の資産です。それらは、世界や他の人とのつながりを感じ
るのに役立ちます。さらに、タイプ4は他人の感情を敏感に認識しており、多くの場
合、自分自身よりもさらに敏感です。残念ながら、タイプ4は自分の感情を長く考え
続ける傾向があり、そのため深く、激しく、不機嫌そうに見えます。

　タイプ4は、悲しみであれ幸福であれ、自分の感情を経験することで、本当の自分を探ることができると信じています。彼らの感情は周囲の世界の変化に応じて変動することがよくありますが、悲しみ、切望、喪失感は幸福よりも大きな影響を与える傾向があり、憂鬱な印象を与えたり、社会から遠く離れた印象を与えたりすることがあります。残念ながら、彼らは物事を真剣に受け止めすぎることが多く、人生に多少の気楽さが必要です。

　タイプ4の人は、個性的なスタイルと才能で群衆の中で目立つ、ユニークな人物である傾向があり、群衆の中でも目立つことがよくあります。[7]

エニアグラム タイプ 5 -- 静かな研究者

　タイプ5は、真実を明らかにし、意思決定をするために他者を理解したいという内なる欲求によって動かされる内省的な性質で知られています。自分の環境を理解しようとするとき、タイプ5は知識と客観性を重視し、客観的な知識に基づいて意思決定を行います。また、タイプ5は何よりも自立を優先し、経済的な決定を下す際に他人に援助を求めたり、支援を求めたりするのではなく、経済的な節約を意識し続けます。さらに、他の人が生活できる十分なスペースを与えることでプライバシーを尊重します。

　他の人は、タイプ5を、人々との有意義なつながりを可能にする無執着を備えた、賢明で先見の明があると見なすことがよくあります。最悪の場合、タイプ5は、周囲の世界を理解しようと内省的な状態に陥ることが多いため、知的に傲慢であるか、自分の感情から切り離されているように見えることがあります。

　タイプ5は、人によって定義が異なる場合がありますが、「プライバシー」を非常に重視し、孤独と自分の仲間を楽しむことに行動を集中させます。彼女らは、自立しながらリソースを充電し、他者との境界線を設定するために一人の時間を使います。これには、依存せずに自律性を維持するためにルーチンや環境を変更することがよく含まれます。こうした変化には、ミニマリストのライフスタイルを採用したり、極端な方法で物をため込んだりすることが含まれる可能性があります。

　タイプ5は、独立性を妨げる可能性があるため、利用可能なリソースの活用方法に保守的な傾向があります。彼らは、興味のあることが話題になるまでは、よそよそしかったり、無関心に見えたりするかもしれませんが、そのときは、彼らが非常に敏感でコミュニケーション力があり、他の人と情報を共有していることがわかります。

　彼らは知識が力であると強く信じているため、思考は彼らの存在の核心です。彼らの知識への渇望は、情報を深く探求するよう駆り立てます。何かが興味を引くと、彼らはそれを習得し、その分野の専門家としての地位を確立するためにあらゆる手段を講じます。

　心は、彼らが残りの人生から安らぎを得ることができる神聖な空間です。この才能を持つ人は、出来事、日付、その他の事実など、情報を頭の中でさまざまな区画に整理して、人間関係や生活のさまざまな側面の間に明確な境界線を作りながら、さまざまなトピックへの関心を維持することができます。

　彼らの感情状態は、自分の感情を知的化し、自分の心を信頼して理解することで感情を理解する傾向があるため、脳の能力に大きく影響されます。残念ながら、そのため感情と思考を区別することが難しくなり、感情を揺さぶる出来事や終わりのないプロジェクトの後に疲れ果ててしまうことがよくあります。

　個人のリソースとエネルギーを継続的に管理すると、人は疲れ果ててしまいますが、感情から切り離される能力は、エネルギーをより効果的に管理するのに役立ちます。自分自身から離れることによって、彼らは自分の都合の良いときに感情をいつ見直したり追体験するかを決定する権限を獲得し、それにより自分の都合の良いときにさらに感情を処理できるようになります。彼らの感情的に距離を置く行動には２つの機能があります。それにより、傷や痛みから身を守るだけでなく、感情をより簡単にコントロールできるようになります。残念なことに、この対処メカニズムにより、彼らは冷たく見えたり、他人から距離を置いているように見えることがあります。しかし、この戦略は内省的でバランスの取れた性格を生み出します。

　タイプ 5 は珍しい性格タイプです。54,000人の特派員を対象とした調査によると、この性格タイプに該当する参加者は平均してわずか10％であり、女性よりも男性に多いことが明らかになりました（男性参加者では14％、女性参加者では7％）。

　エニアグラム タイプ 6 -- 忠実な懐疑的タイプ 6 は、所属と安全に対する強い欲求によって動かされます。これが彼らの決断と関係を促進します。タイプ6は、あらゆる状況において安全を追求するため、責任を持ちながらも忠誠心を示す人を大切にします。彼らは自分自身と深く結びつきながら勇気を示すことが多く、その代わりに周囲の人たちに信頼と献身という贈り物を与えます。不健康なタイプ6は、恐怖によって防御力が低下し、過度に心配する傾向があり、疑念、疑念、不安感を抱いているように見えます。

　彼らの内なる独り言は、世界は危険で残酷な場所になる可能性があるため、準備を整え、大切な人たちに忠実であることが生き残るための重要な要素であることを教えてくれます。彼らは、外で何が待っているかを恐れないよう努め、警戒を続け、その残酷さから常に自分自身を守ります。

　タイプ6は通常、２つの行動パターンのいずれかを示します。感情的に圧倒される状況を避けるために恐怖や回避行動を示すか、不安に正面から向き合って不安に立ち向かおうとするかのどちらかです。ほとんどのタイプ 6 は、これらの両極端の中間に位置します。彼らの行動は生活の状況に応じて変わります。

　この性格タイプに属する特定の人々は、危険な冒険として現れるか、反恐怖症のパターンを持つ人々に対する言葉による行為として現れるかにかかわらず、自分が勇気があり恐れを知らないことを自分自身や他の人に証明するために、危険を冒す行動をすることがよくあります。タイプ6は、責任と忠誠心を重視し、目の前の仕事に全力で取り組む一方で、献身的かつ一貫性を持って勤勉に働くことで知られています。彼らの素晴らしい労働倫理により、彼らは貴重な従業員となり、他の人も彼らにプロジェクトを安心して任せることができます。

　タイプ6は、可能な限り問題を避ける傾向があります。しかし、不快な状況に直面したとき、彼らの思考パターンは、周囲の状況と調和を保ち、発生する可能性のあるすべての課題や問題を認識するために、脅威とリスクを批判的に分析するよう動機付けます。彼らは自分自身の問題を迅速かつ効率的に解決する能力を持っていますが、彼らの反応には時々「はい、しかし」が含まれることがあり、関係者全員の間でのコミュニケーションが困難になります。

　この性格タイプの人は、自分の考え方において自分の権威を認識しています。彼らは権威ある人物に守られ、支援されていると感じますが、同時に他人に失望されたり失望されたりすることを心配します。彼らの思考プロセスには、「内部委員会」として機能する内なる質問を自分自身に問いかけることが含まれており、明白な感情とともに多くの表現されていない感情が探求されます。

　彼らは日々の対応の中で最悪のシナリオに焦点を当てているため、感情は不安を中心にしていることが多く、パニックや軽い心配を経験することがよくあります。または恐怖や恐怖のようなより強烈な形。彼らの感情的な反応により、いつでもすぐにアクセスできます。しかし残念なことに、これはたとえ人生が順調に進んでいるときでも、心の中で不安なシナリオを再現することを意味します。ポジティブな感情を軽視し、代わりにネガティブな感情にこだわる傾向があります。

　多くの人は、自分の感情と深く同調することによって、無意識のうちに自分の感情、希望、考え、恐怖を目の前の人々に投影する傾向があります。彼ら自身の疑いや不安は、多くの場合、他の人に問題を引き起こす困難な行動として現れます。

　タイプ6の性格を持つ人々は、どんな環境にもシームレスに適応し、常に最も近い人々をサポートしようと努める能力によって認識されます。

　エニアグラム タイプ7 -- 熱意のある先見の明のある人

　性格タイプ7に属する人々は、人生に非常に熱心であり、矛盾した状況を避けながら人生を最大限に楽しもうとする意欲を常に持っています。本質的に、タイプ7は楽観主義者である傾向があり、人生においてインスピレーションを与える機会を常に探しており、可能であればそれらの可能性を活用します。彼らは人生を、自発性と周囲のあらゆるものへの感謝を促す冒険であると考えています。ただし、他の人は、タイプ7が「現在モード」にあるときは、自発的な活動に楽しさを見出しているため、穏やかであると認識するかもしれません。この自発的な性質のため、彼らはアドレナリンラッシュを求めて生きているために、献身的でなく、あるいは集中力が欠けているように見えるかもしれません。

　彼らの行動は、生活のルーティンや単調さから逃れる方法を見つけることに重点を置いているため、興奮や冒険を加える活動や人々を積極的に探します。新しいことに挑戦することを決して恐れず、よりエキサイティングな冒険のために未完のタスクを放棄することもあります。

　セブンズはアクティブであり続け、自信を持って前進するよう努めます。彼らのエネルギーは、あらゆる困難を喜んで受け入れることにあります。興奮が爆発するたびにアドレナリンが湧き出て、彼らは元気になれるのです。プレッシャーにさらされると、この性格タイプは、タスクを正常に完了するために計画を切り替えたり、複数のタスクを同時に実行したりすることがあります。新しい取り組みに取り組むとき、彼らの身体はしばしば精神を追い越すことがあります。これは、彼らの高いエネルギーレベルが、絶え間ない動きや忙しいボディーランゲージとして現れることを意味します。他の人に彼らが落ち着きがないという印象を与えますが、これは単に彼らが取り組み続ける方法です。

タイプ 7 の思考パターンは、アイデアやつながりの間を楽に流動的に移行し、興味をそそるものや瞬間的な満足感をもたらすものを探求する活発な心によって動かされています。したがって、彼らの思考パターンには、高速な精神処理と刺激の組み合わせが含まれます。タイプ 7 は、選択肢が豊富にあることを好み、あらゆる点で制限されていると感じることを嫌います。選択肢があることは彼らに自由を与えます。彼らは機知に富んでいるため、多くの分野にわたる知識を得ることができ、そこからすぐに使えるデータがたくさんあるため、イノベーションと創造性が促進されます。

また、自分のアイデアを他の人と共有することを楽しみます。そうすることでインスピレーションが得られ、人生に夢中になっていると感じられます。新しい情報が到着すると、すぐにそれを把握し、その過程でさらに多くのことを発見する傾向があります。

タイプ 7 は、エネルギッシュで明るい性格を通じて現れるポジティブな感情の風景を経験する傾向があり、他の人からタイプ 7 を楽観的で楽しく、熱心な人物として見られるようになります。退屈、悲しみ、不安、恐怖などのネガティブな感情に直面したとき、彼らは本能的に不快感からより早く逃れるために、これらのネガティブな感情を素早く方向転換する方法を探します。

タイプ7は、ポジティブな感情を好む自然な傾向があるため、ネガティブな経験を心の中で学習経験や機会として捉え、楽観的に捉えることがよくあります。残念なことに、この合理化により、事態が悪化した場合に行動に対する責任を取ることがより難しくなります。しかしプラス面として、それは彼らの見通しを前向きに保ち、人生に対する楽観的な見方を維持するのに役立ちます。

タイプ7は、自分のパーソナルスペースを非常に守る傾向があり、自分の能力について挑戦されることを歓迎しません。セブンに挑戦する場合は、彼らの怒りに直面する準備をしてください。不快な状況や重苦しい状況に直面したとき、タイプ 7 はジョークで気分を和らげたり、笑いを誘う逸話をすることで緊張を和らげ、平衡を取り戻すために気楽な発言をしたりするためにたゆまぬ努力をします。

Truityの調査では、54,000人の参加者のうち、エニアグラムのタイプ7が調査対象者の9パーセントを占めていたことが判明しました[8]。

エニアグラム タイプ 8 - 積極的なチャレンジャー タイプ 8 は、強く見えるように見せたいという欲求に駆られ、弱さをできるだけ見せたくないため、自分が巻き込まれた状況に直接的かつ影響力をもって対処します。彼らは、コントロールすることで状況を素早くコントロールします。それを直接的に。タイプ 8 は、困難に直面しても成長し、公平な対応をし、正当な正義感を使って他者を守ります。最高の状態では、タイプ 8 は思いやりがあり、力強く、親しみやすいように見えます。タイプ8が現実に従って行動するとき、彼らは私たち全員に無邪気さを与えます。しかし、最悪の場合、タイプ8は、しばしば残酷な世界で実物よりも大きく見えるための戦略の一環として、攻撃的で横暴で好色に見えるかもしれません。彼らは状況をコントロールすることで、不正をより簡単に回避できると信じています。

エニアグラムの中心にはタイプ8が存在します。彼らは本質的に、何もしないのではなく、本能に基づいて行動を起こすことであり、多くの場合、激しく直接的な話し方、言葉の選択、ボディーランゲージ、意思決定スタイルを通じて現れます。タイプ8は、自分の意思で物事をコントロールし、実現させることが大好きです。彼らの独立性により、やりがいのあるプロジェクトを追求することができます。

タイプ8にとって、他人と協力することは自然なことではありません。彼らは義務からそうしているのです。タイプ8はコントロールを維持することに誇りを持っており、イベント自体を細かく管理することが多く、必要に応じて他人を細かく管理することになることがよくあります。彼らの機敏な行動は、他の人が圧倒されて手に負えなくなったときに役立ちます。彼らはすぐに介入し、主導権を握り、ためらったり遅れたりすることなく効率的に物事を解決します。

マイクロマネジメントは彼らの好きな活動ではないかもしれませんが、それによって状況をコントロールし、結果を生み出すことができるため、この目的を達成するために必要なことは何でも行います。

タイプ8は、自分が責任を負う人々の無能や弱さを容認しませんが、自分の管理下にある人々を激しく守ります。大切な人が不当な扱いを受けているとき、タイプ8は正義を守り、自分たちに加えられた不当を正すためにたゆまぬ戦いをします。

タイプ8は、人々を弱いか強いかに分類し、それに応じて行動する傾向があり、この「全か無か」の評価方法に基づいて、特定の個人により多くの注意を払うことがよくあります。タイプ8は、対立する状況に対処するときに曖昧さよりも正直さを好む傾向があり、蚊帳の外にいると状況に対して無力だと感じるため、蚊帳の外にいるよりも真実を好む傾向があります。アップデート、進捗状況、イベントに関する情報をできるだけ多く入手することで、タイプ8はより効率的に全体像に焦点を当てることができます。

このような人々にとって重要なのは、他人の動機よりも自分自身の動機に焦点を当て続けることです。彼らは、楽しくないことや退屈だと思うことを強制されることを好まない。なぜなら、それはエネルギーを非効率的に浪費するからである。

タイプ8は複雑な感情パターンを持っています。彼らはすぐに怒り、それに応じて反応する傾向がありますが、すぐに怒りを発散した後はすぐに怒りから立ち去ります。タイプ8は、自分が弱いと感じることを避けようとするため、悲しみや弱さの感情を公には表現しない傾向があり、代わりに安全な場合にのみこれらの感情を認識することを好み、アイデンティティの一部として力と保護を通して愛を示します。

54,000 人の参加者を対象とした Truity 研究では、15% の人がエニアグラム タイプ 8 に該当することが実証されました。これらの人々は主に男性でした。

エニアグラム タイプ 9 -- 適応的な平和構築者
タイプ9は、周囲に調和を生み出したいという願望に駆られて、仲介者として行動する傾向があります。そのため、彼らはすべての行動において平和を築くことを優先しながら、周囲の人々を受け入れ、順応するよう努めます。これにより、可能な限り紛争を回避することができます。

　世界のほとんどの人は、タイプ9を、周囲の人たちに利益をもたらす行動をとろうと努める、活気に満ち、経験豊富で、自覚のある個人として認識しています。しかし、最悪の場合、タイプ9は頑固、怠け者、または自己否定的に見えるかもしれません。これは、彼らが平和を維持するためにすべての人に同調するにもかかわらず、自分のニーズよりも他人のニーズを重視し、自分自身と彼らが交流する人々に不快感を引き起こすために発生します。しかし、彼らの自己満足的な性質は、他の人を彼らに引き寄せると同時に、彼らの前にいると人々を安心させます。

　タイプ9は、環境を操作したり、何か不快なことがあったときに受動的に抵抗したりすることで、他人のコントロールを避けたいという欲求に基づいて行動を起こす傾向があります。彼らは紛争を容認できないため、彼らの行動は平和と調和の維持によって左右される可能性があります。

　快適さは、興味をそそられる慣れ親しんだ日課やリズムによって得られますが、この性格タイプは、近くにいる人々からのエネルギーの融合をもたらす有意義なつながりを築くことを楽しんでおり、多くの場合、親密な空間にいる人々の習慣や興味を取り入れることで現れます。。

　タイプ9の思考パターンは、構造化されたプロセスに適しています。したがって、タスクに取り組むとき、または習慣や手順を迅速に作成するときに、詳細と明確さを優先します。大量の情報が与えられると、タイプ9はそれを頭の中ですぐに秩序だった構造に整理して、すべてを理解します。

　タイプ9は、意志が強く粘り強い傾向がありますが、他人に横柄に見えることを避けるために、自分の意見を自分の中に留めておく傾向があります。残念ながら、そのため、人間関係や生活のいくつかの側面に不満が残ります。

　彼らの態度はリラックスしていて冷静に見えるかもしれませんが、激しい感情を非常に激しく経験するため、それを制御し、平和で穏やかで親しみやすいように見せるためには側の努力が必要です。彼らの激しい感情は、感情が行動にどのように影響するかを理解しているため、人々の間の調和を維持する動機になります。

　タイプ9は、紛争状況における平和的な調停者として優れていますが、怒りなどの否定的な感情と直接関わることを避ける傾向があります。そのようなつながりは彼らのエネルギーを消耗させる傾向があり、また、彼らはこれらの感情を認識しないこともよくあります。したがって、彼らはそれらをあまりにも強烈に経験しないように努めます。さらに、ほとんどのタイプ9は、身近な人の感情を感じることができるエンパスであり、周囲がポジティブで熱狂的であれば、人々の間で共有されるエネルギーを感知することがよくあります。逆に、悲しい人や不安な人に直面すると、気分が劇的に低下することもあります。

　Truity 調査では、9 年生が回答者の 13% を占めています。そのほとんどが女性です。

　エニアグラムホイールで表される 9 つの性格タイプは、ハート、ヘッド、ボディのタイプに分類できます。ハートタイプはタイプ 2 から 4 で構成されており、人生のナビゲーションや周囲の人々とのつながりを心の知能に依存しています。頭のタイプには、状況の知的処理に依存するタイプ 5 から 7 が含まれます。一方、体型タイプ 1 から 9 は、状況に応じて本能と直観を利用します。

　　研究者は歴史を通じて、人間の性格を理解するためのさまざまな方法論を研究してきました。ビッグ 5 パーソナリティ テスト (OCEAN) として知られるそのようなテストの 1 つは、因子分析手法として 1992 年に導入されたゴールドバーグの国際性格項目プールから派生したビッグ 5 因子マーカーを使用し、次の質問に答えることでグループの統計的反応を調査します。誰かの性格を要約することは？」[9]

　　性格変数を定量化することはできませんが、回答は、主要な特性に従って個人を 5 つの大きなグループに分類します: (O-オープンネス C-誠実さ D-外向性 E-外向性 A-協調性

　　N - 神経症傾向 これらの性格タイプを理解することで、人々のニーズを理解し、共通の関心を通じて有意義なつながりを築き、それに応じて自分の行動を調整することで、人々をよりよく理解できるようになります。

　　ここで興味深いのは、これらの性格が生まれつきと育ちの両方の産物である可能性があるということです。親がそれらを遺伝することもあれば、個人が育て方からそれらを発展させることもできます。

　これらの性格特性をさらに深く掘り下げて、生まれつきと育ちのどちらがより大きな影響を与えるかを評価してみましょう。

　オープンネス　この性格特性は、新しい知識や経験を歓迎することで知られています。この尺度でより高い評価を受けた人は、洞察力があり、想像力に富み、さまざまな興味に関心を持つ傾向があります。革新性と好奇心もその中に顕著に表れています。一方、順位が低い人は、より慎重で、一貫性があり、抽象的な思考プロセスに苦労する可能性があります。このような尺度で誰かのオープンさのレベルを測りたい場合は、次の質問をしてみてください: 冒険は好きですか?
　想像力が暴走しませんか?これまでに新しい活動を始めたことはありますか?
　新しい挑戦に対する準備はできていますか?

　これらすべての質問に「はい」と答えることは、オープン性レベルが高いことを示します。このようにオープンさのレベルが高い人は、人生で挑戦されることを楽しみ、自分自身を創造的に表現するための創造的な表現方法を探しています。57%の人がこのオープンさの特性を遺伝的に持っています。

　誠実さ
　この性格特性の一般的な特徴には、目標指向の行動、思慮深さ、優れた衝動制御が含まれます。誠実な人は、優れた計画立案者であり、人生の決断を下す際に先を見据えて考える傾向があります。さらに、彼らは自分の行動が他の人にどのような影響を与えるか、また期限を守る必要があるかを強く認識しています。
　誠実さの尺度で上位にランクされる人は、タスクや詳細に対して注意深く、組織的かつ効率的に取り組む傾向があります。ランクが低い人は、たいていのんびりしていてリラックスしています。誠実さの観点からその人の立場を評価するのに役立ついくつかの質問を次に示します。
　あなたは自制心を持っていることに誇りを持っていますか?
　何が起こっても大丈夫ですか?それとも、自発的に行動することを好みますか?スケジュールを守り、すぐにタスクに優先順位を付け、すぐに詳細に注意を払うことを楽しんでいますか?

　これらの質問に「はい」と答えることは、生活や人間関係における組織や秩序によって実証されるように、個人の中に高いレベルの誠実性があることを示しています。良心は49%の遺伝的影響を持っています。

　外向的特性は、社交性、自己主張、興奮、感情表現力、おしゃべりさなどの特徴によって識別できます。この性格特性を示す人は社交的な傾向があり、社交的な集まりに参加するとうまくいきます。
　外向性の尺度で高いスコアを獲得した人は、注目の的となり、人々の周りにいることを楽しむことで成長します。対照的に、スコアが低い人(内向的)は、社交的な交流に疲れを感じ、他の人と一緒にいるよりも孤独を好みます。

　誰かの外向性を理解するには、次の質問をしてください。8.5 集まりで注目の的になったり、社交的な場で会話を始めたりするのが難しいと感じていますか?新しい人に会うのは好きですか、また、たくさんの知人や友人がいますか?
　あなたは、考える前に物事を口に出してしまう傾向がありますか?

　これらの質問に同意する場合、外向性の尺度で高いスコアを獲得します。この尺度でスコアが低い人々の周りにいる場合は、過剰な会話を奨励したり、社交的な集まりに参加させたりすることで、彼らを強制的に外向的にしないようにしてください。内向的な性格特性を持つ人は、感情の栄養と快適さを提供するものや場所に固執する傾向があります。
　外向的特性には 54% の遺伝的影響があります。

　協調性
　この性格の側面には、優しさ、信頼、愛情、利他主義、その他の向社会的特性の属性が含まれます。同調性が高い人は、思いやりがあり、友好的で、協力的である傾向がありますが、この特性が低い人は、孤立したり、分析的になったり、競争的になったり、時には操作的な行動に及ぶこともあります。
　共感性のスケールで自分がどの位置にあるかを確認するために各人に質問します。簡単に信頼し、他の人に二度目のチャンスを与えることを容易にしますか、共感力があるか、他人を快適にするのが好きかなど。
　あなたは困っている人たちに援助を提供することに情熱を持っていますか?

　これらの質問に対する肯定的な回答は、好感度の尺度で高いランクを示します。この尺度でスコアが低い人は、自然に共感を経験できないことが多く、他の人の立場に立ってそれに応じて反応するために、意識的に努力し、行動を変える必要があります。遺伝的要因の 42% が、協調性の特性に関与しています。

　神経症傾向 この性格面に起因するのは、不機嫌さ、情緒不安定、悲しみなどの特性です。神経症傾向とは、誰かが自分の感情をどのように扱うかを指します。この尺度で高得点をとった人は、敏感でイライラしやすく、気分の変動に敏感である傾向があります。一方、スコアが低い人は、感情的に安定しており、安心感があり、回復力がある傾向があります。
　これらの質問をすることで、その人が神経症のスケールでどの位置にあるかを評価することができます: (心配ですか? ストレスが溜まりやすいですか? 気分の変化が繰り返し起こります)
　ストレスの多い状況に対処するのは難しいと思いますか?

　これらの質問に肯定的に答えることは、その人の高度な神経症を示しています。彼らの気分をコントロールするためには、彼らの引き金や鎮静剤を知ることが有益です。
　神経症には48%の遺伝的要素があります。

　これらの特性とそれが人々にどのような影響を与えるかを理解することは、より良いコミュニケーションを図り、目の前の誰かとどのように対話するのが最適かを判断するための鍵となります。

　デビッド・カーシー博士の気質理論
　教育クリエーターであり心理学者であるデビッド・カーシー博士は、個人のニーズと比較した職場での各人の影響を考慮して、活動パターン、コミュニケーション習慣、性格的態度、才能、価値観に基づいて個人を 4 つの気質グループに分類するケイシー気質ソーターを導入しました。。
　デビッド・カーシー博士は、人間の性格は気質に基づいて 4 つの大きなグループに分類できると述べています。それぞれの気質には、その特性を特徴づける独自の強み、弱み、特質が含まれています。これら 4 つの気質には次のものが含まれます。

　職人 これらの人々は、芸術、文学、詩などの創造的な分野における専門知識によって他の人々と簡単に区別できます。彼らの行動は彼らの芸術性の表現として機能しますが、彼らの冒険心が彼らを危険にさらしたり、時には自発的に行動したりするように促します。

　保護者は、周囲の人々と協力し、伝統文化のルールに従うことで、社会において重要な地位を占めています。彼らの献身的な努力が秩序を維持するのに役立っています。彼らは人口の 40 〜 45% を占めています。

　理想主義者 自己の成長と改善に重点を置く人々は、理想主義者気質グループに属している可能性が高く、他者への忠誠心が強く、他者を助ける行動をする意欲があり、社会全体に利益をもたらす措置を積極的に講じています。人口の 15 〜 20% がこの気質カテゴリーに属します。

　現実的で論理的な思考スタイルで知られる合理主義者は、最もまれな性格タイプの 1 つであり、問題解決の専門知識で有名です。しかし、一度何かが彼らの想像力を捕らえると、彼らはあまりにも没頭して現実から切り離され、他の人がそれを奇妙で遠いものとして認識する可能性があります。
　人口のわずか 5 〜 10% が合理的気質グループに分類されます。キャリア カウンセラーは、人々が自分自身をより深く理解し、正しいキャリア パスに導くのを支援するため、ケイシー気質ソーターを頻繁に利用します。
　これらすべての理論は、人間の性質、個人を動機付けるもの、特定の状況に対する人間の反応を理解することを目的としています。何十年にもわたって研究者によって蓄積された知識により、私たちは人々の気持ちをよりよく読み、私たち全員の間のつながりを築くことができます。

第10章: 聞く技術を取り戻す

　ほとんどの人が信じているように、聞くことと聞くことは同じではありません。人は通常、話を聞いてもらうことを望んでいるか、あるいはまったく聞いてもらえないことを望んで会話に入る。後者の場合、私たちは相手の言っていることに意図したよりも注意を払わなくなることが多く、双方とも自分の関心のなさを相手に感じられてしまうことになる。両側。

　熱心に耳を傾けることは、会話や人々を理解する能力において大きな変化をもたらす可能性があります。人々が実際に言うことにただ注意を払うだけで、すべてが変わる可能性があります。誰かがどのように考えているかを推測する必要はありません。誰かの頭の中を覗いてみたい場合は、誰かの話に注意深く耳を傾けてください。代わりに、誰かが話しているときはもっと注意を払います。多くの人は自分の考えや意見を鉄の壁に隠すことはせず、むしろ自分が何者であるかをオープンにすることを好み、十分に熱心に耳を傾けさえすれば、あなたを受け入れることを恐れません。

　話すときに相手の意図を正確に解釈できれば、相手の心を読む必要性を感じることはありません。

　カール・ロジャースとリチャード・ファーソンは 1957 年に初めて「アクティブ・リスニング」という用語を普及させ、その定義は時間の経過とともに広く認識されるようになりました。積極的な傾聴と受動的な傾聴は、傾聴の 2 つの形式です。最高のリスニング結果を得るには、アクティブなリスニングを優先する必要があります。誰かに本当に集中するには、受動的に聞くことよりも積極的に聞くことを優先する必要があります。

　アクティブ・リスニングには、精神的な存在感、忍耐力、そして返事を話さなければならないと感じずに聞く能力が必要です。中断したい衝動を抑えながら、相手が何を伝えているのかを理解することに集中してください。もっと良いものを追加したいと感じるたびに、待つことに決めてください。私たちが話すたびに、成長の機会を逃してしまいます。誰かに自分自身を表現するための安全なスペースを与えることで、貴重な洞察を得ることができるかもしれません。他の人に手を握ってもらい、心の中の親密なツアーに連れて行ってもらいましょう。

　推測したり行間を読んだりする必要はありません。邪魔したり批判したりせずに、ただ相手に話してもらいましょう。この方法なら、他のどの戦略よりも相手についてもっと多くのことを知ることができます。

　人は自分のことを話すのが大好きです。この自然な傾向を利用して、心からの関心を示し、掘り下げた質問をして、相手が明かすかもしれない自分自身についての情報をすべて明らかにしましょう。

　ボディーランゲージを使ってサポートする

　肩の後ろに何もないところに目を向けている人と話すのは、楽しいものでも励みになるものでもありません。そのため、コミュニケーションをとるときは、ボディランゲージがあなたの興味を反映していることを確認してください。彼らのほうを向き、アイコンタクトを保ちながら、頻繁に微笑み、頻繁にうなずきます。退屈したり無関心な表情をしたりしないでください。これは、相手の身元について詳しく知るにつれてすぐに明らかになり、彼らを軽視することになるためです。

　気を散らすものを減らす
　心が気を散らさないようにすることが重要です。他の人が話している間、会話中に頭の中でリストを作成したり電子メールに返信したりする衝動を抑えます。存在してください。気を散らすものはすべて取り除く必要があります。電話が鳴るたびに手に取りたくなったり、通知を確認したくなったりしないように、携帯電話を直接の視線から遠ざけてください。

　元気よくうなずき、彼らの話に応答する
　話を聞くときは、励ましの姿勢でうなずいたり、前のめりになったり、適切な受け答えをすることで、熱心に取り組んでいることが伝わりますが、強引に見えすぎないよう注意しましょう。自分が話を聞いていることを証明するにはさまざまな方法があります。ここにいくつかあります：
　※身体を使って対応します。たとえば、目を大きく開けたり、拳を強く締めたりすることは、ショック、驚き、失望、興奮など、何かがおかしいことを示す手がかりとして機能する可能性があります。
　＊彼らの発言を再述します。たとえば、一般的に他の野菜よりもニンジンが好きだと彼らが言った場合、「地球上のすべての野菜の中でニンジンが好きだと言いたいのですか？」などと答えます。あなたが注意を払っていることを示すために、相手が言ったことを大声で繰り返し、あなたが相手の主張を聞いて理解したことが相手に伝わるようにします。これはあなたの関心を示し、あなたが彼らを気にかけていることを示します。
　＊もう一度繰り返してもらいます。これは失礼に見えるかもしれませんが、そうすることで相手が共有するすべての言葉に対する敬意を示し、重要なことを見逃さないようにします。

　ただ聞くだけで、他のアプローチよりもはるかに多くの知識を得ることができます。誰かが話しているときに耳を傾け、適切な質問をすると、そうでない場合よりもはるかに多くのことを学ぶことができるかもしれません。他の人に真の興味を示せば、彼らはあなたが探索できるように彼らの頭脳ゲームを開くでしょう！

第 11 章: ボディランゲージを正しく理解する

　　デートに行った後、相手が何を考えているのか、何を感じているのかを考え続けたことがありますか?理想的には、会議の進行状況を知らせる標識があるとよいでしょう。そうですね…あります！ボディランゲージは、誰かの気持ちを伝える無意識の手段です。その合図を適切に解釈すること。これらの潜在意識の信号は、知らず知らずのうちに明らかになることがあります。UCLA の研究[12]はこの点を説明しています。コミュニケーションのわずか 7% が私たちの言うこと (言葉) を通じて行われ、38% が口調、55% がボディランゲージを使用します。この 55% を解釈することを学ぶと、人々を理解する際に有利になります。

　　したがって、次回デートに行ったり、社交的な集まりに参加したりするときは、次のような微妙な合図に注意してください。

　　* 笑顔の目: 目は私たちの魂への窓であると言われます。それは確かに本当です！人が幸せなとき、その笑顔は隠そうとしても隠せないことがよくあり、最終的には目の周りの皮膚にしわが寄って目じりの足跡ができ、その存在が明らかになります。時々、人は礼儀正しく、または本心を隠すために笑うことがあります。その人が本当に笑っているのかどうか知りたければ、その人の目に注目してください。

　　*足や腕を組む: 足や腕を組むことは、たとえ彼らの言葉や笑顔がそうではないことを示していたとしても、目の前にいる人々に対して物理的な障壁を形成し、抵抗を示します。心理学的な解釈によると、このボディランゲージは、誰かが目の前にあるものから感情的、心理的、または物理的に離れていることを示しています。

　　* 眉を上げた: 誰かが眉を上げた場合、それは心配、恐怖、驚きを示している可能性があります。カジュアルな会話ではそれを行うのは難しいです。友達とコーヒーを楽しみながら育ててみると、すぐに違いが分かるでしょう。

　　* ボディー ランゲージのミラーリング: あなたとまったく同じ瞬間に、頭を同じように傾けたり、足の交差を解いたりして、あなたのボディー ランゲージをミラーリングする人に遭遇したことがありますか?これは、彼らがあなたの発言に興味を持っており、敬意を払って無意識のうちにあなたの真似をしていることを示しています。デート中にこれが起こった場合、これは非常に貴重なものになる可能性があります。

　　* 顎を食いしばる: 対立や論争の状況に陥ったときに、すぐに明らかになる特徴の 1 つは、顎を食いしばったり、眉間にしわを寄せたり、首を締めたりすることです。これは、不快感が身体の物理的な緊張を引き起こし、この反応を引き起こすストレス信号として現れるためです。

　　* 大げさなうなずき: あなたの話に対して誰かが何度もうなずいて反応する場合、これは言われている内容に同意していることを示すのではなく、むしろ相手に代わって不安を示し、それに応じてうなずくことであなたを喜ばせたいという願望を示しています。

　　相手の心を直接読むことはできませんが、ボディランゲージを観察して本当の気持ちを解釈することはできます。人々の心理学を学ぶことは、経験を積むことでのみ向上する生涯学習の旅です。彼らの行動の背後にある動機を解き明かし、それを性格特性と関連付けることで、私たちの心がどのように機能し、それを解くことができるかについてより深い洞察が得られます。

パート 3: テーブルに何を持っていくべきか

　自分の貢献が会話にどのような影響を与えるかを考えたことがありますか?人間を理解するには、他人の行動を観察するだけでなく、その行動自体を観察することも必要です。コミュニケーションは双方向です。適切に行動するには、相手があなたに伝えていることを理解し、それに合わせることによって自分の役割を果たす必要があります。

　全体像を見るのを妨げる偏見や信念に満ちている場合、誰も人のことを正確に読むことはできません。他人を観察し始める前に、自分自身について、つまり自分がどのように行動し、考え、人々をどのように認識しているのかについて、深い知識を得る必要があります。

　このセクションでは、あなたの内なる信念を調査して、偏見、偏見、または人間性についての限られた理解がコミュニケーションや他者の認識を妨げていないかどうかを確認します。

第12章: 他人を理解する前に自分自身を知る

　ドナルド・トランプが「私は非常に安定した天才だ」とツイートしたのを覚えているだろうか？彼の返答はコメディアンやジャーナリストから自己認識が欠如しているとして批判を集めたが、ほとんどの人はこの分野で失敗し、しばしば他人を理解するのが困難になる。最初は混乱するかもしれませんが、「すべての人は自分の鏡」なので、他の個人を完全に理解するには、まず自分自身を完全に理解する必要があります。これはほとんどの人が気づいていないことです！

　これは次の質問 (つまり、自分自身を知る方法) につながります。そうですね、これは自分自身に残酷に正直になることを伴う広範なプロセスです。これは簡単に聞こえることも簡単に聞こえることもあるかもしれませんが、時にはこの挑戦が人生最大の挑戦となることがあります。たとえば、私たちの怒りや感情の爆発は、他の人が引き起こしたものであるため、正当化されているように見えることがあります。しかし、自分の反応を責めるのではなく、コントロールするのは個人としての私たちの責任です。

　盲点は、他人には見えても自分たちには見えない特性として定義されます。シミーネ・ヴァジレという心理学者は、この理論を検証するために実験を行った[13]。彼は参加者に、知性、感情の安定性、積極性、創造性などのさまざまな特性について自分自身と友人 4 人を評価してもらい、自分自身と友人のどちらが各人の性格や特性をより正確に予測できるかを確認しました。目標は、どの予測された性格をより正確に確認することでした。

　その結果、人々は、人前で話すときや、グループディスカッションで発言するときにどれだけストレスを感じているかなど、友人と比べて自分の感情の安定性をより意識していることが明らかになりました。友人たちは、自己主張の強い候補者が創造性テストや IQ テストに参加したか、あるいはその成績を予測したかについて、より正確な洞察を得ることができました。

　自分の感情の帯域幅を理解する能力は、そうでない場合よりも他の人にとってより優れた可視性を示します。

　自分自身よりも他の人の目に見えやすい特徴は、あなたにとって謎のままである可能性があります。カラオケ バーで歌うには、自分自身と聞いている人たちに、あなたの才能が存在することを納得させる必要がありますが、あなたの歌唱スタイルと声域を最もよく評価できるのは、聞き手である人たちです。

　人は自分の知性を過大評価する傾向があり、このパターンは女性よりも男性に多く見られます。また、寛大さは賞賛すべき特性とみなされているため、人々は自分が実際にどれほど寛大であるかを過大評価する傾向があります。また人々は、自分には偏見や批判がないと誤って信じています。なぜなら、自分に不利な主張を誰が認めるでしょうか？

　自分自身に対するこの曖昧な見方を取り除き、鏡に自分の姿をはっきりと見るにはどうすればよいでしょうか？自分自身の一面を受け入れるのが難しいときは、近くにいる人に鏡を持ってサポートを求めてください。友人、両親、恋人は、あなたの本当の姿を他の誰よりも洞察している傾向があります。しかし、愛情やあなたに対する偏見によって、相手の印象が曇ってしまうこともあります。

あなたのVITALSはあなたの個性を構成します。それらを理解してください。これらには次のものが含まれます。

価値観 (V)、興味 (I)、気質 (T)、24 時間体制の活動と目標 (ATC)、人生の使命と目標 (LMG) は、人生を成功させるために重要です。

S - スキル/強み

他人を助けること、正直であること、親切であることなど、自分の価値観を認識することは、人生の重要な決断を下し、目標を設定するための基礎となります。自分の価値観を知ることで、困難な時にも頑張れ、モチベーションを高く保つことができます。これらを日記や日記に書き留めることは、自己認識に向けた行動を促すことが証明されています。自分の価値観を知ること！

* 意思決定をするとき、感情に頼りますか、それとも事実に頼りますか? * 外向的か内向的かにかかわらず、どのようにエネルギーを充電しますか? * すべてを綿密に計画しますか、それとも流れに身を任せますか? * あなたにとって、細部とより大きなアイデアのどちらが重要ですか?

このような質問に対する自分の反応を理解することで、成長を制限する状況を回避しながら、成長を促進する状況に直感的に身を置くことができるようになります。あなたの性格が周囲の環境と一致すると、エネルギーが無駄に浪費されるのではなく生産的なプロジェクトに使用され、以前よりも疲労感が軽減されます。

バイオリズムまたは 24 時間の活動: ここでは、自分のバイオリズムまたは 24 時間の活動に焦点を当てる必要があります。たとえば、エネルギー レベルがピークに達するのはいつですか (朝ですか、それとも日中ですか)。自分の生態と調和させることで、最大の利益が得られるときに活動をスケジュールすることができます。多くの場合、これらの特性は生まれたときから存在しており、それを認識し、それに応じて行動するだけの問題です。

生物学的周波数とアクティビティを組み合わせると、やりがいのある経験がもたらされ、自分ではない誰かのふりをしなくても、人生がずっとシンプルになります。

自分の人生の使命と目標を理解すると、人生はより幸せでより意味のあるものになります。どのように対処すればよいかわからない場合は、自分の人生で特に意味のある出来事を思い出して、その原因を調べてください。そこで出会った人たちだったのか、それとも単にあなたが経験した感情だったのでしょうか。この演習では、あなたの性格の隠された側面を明らかにするだけでなく、キャリアの決定やその他の側面の動機を明らかにすることができます。

人生でどこに向かいたいのかが分かれば、人生の目標を達成するために必要なツールや強みを自分が持っているかどうかを評価するのが簡単になります。これらには、才能、能力、スキルだけでなく、心の知性、回復力、忠誠心などの性格の強さも含まれる場合があります。

　自分の強みや能力を認めると自信が生まれます。それらに気づかずにいると、自尊心の低下につながります。

　自分の強みをより深く理解するには、褒め言葉に耳を傾け、褒め言葉を受け入れるときは謙虚さを保ちましょう。たとえば、誰かがあなたの心地よい声が大好きと言ったら、これを機会としてその才能を磨き、もっと頻繁に歌いましょう。さらに、弱点があなたの自信を傷つけ、是正措置が必要にならないように、弱点に注意してください。

　自己認識を深め、自分自身（つまり、自分の性格特性、長所、短所、きっかけ）を理解すると、その知識を自己成長のためだけでなく、周囲の人々についてのより深い洞察を得るために活用できると知り、力が与えられたと感じるでしょう。あなた。自分自身をより深く知ることで、精神的な平穏を乱さないようにどこに境界線を引く必要があるか、またどのトリガーを避けるべきかがわかります。これはすべて、自分自身を疲れ果てることなく100パーセントの力を発揮するために必要なスキルです。

　知識は力である;自己認識は平安をもたらすことができます。

　自分の偏見、偏見、限界を理解する

　おそらく、人種、性別、国籍を理由に、誰かが雇用から外されたり、法執行機関の標的になったりする偏見に関する話を聞いたことがあるでしょう。そのような人々に対する私たちの自然な認識は、彼らは特定のグループに偏見を持っている悪い人々であるというものです。しかし脳科学や心理科学の研究者が、偏見や偏見は潜在意識のプロセスである傾向があり、それが依然として他者との相互作用に影響を及ぼし、社会における社会的不公平の一因となっている、と主張していることをほとんどの人が理解していません。

　この行動は、偏見（感情的バイアス）、差別（行動的バイアス）、固定観念（認知的バイアス）を示すことによって、自分の身近な社会的サークルの外にいる人々と交流するときにより顕著になります。そのような偏見は無意識のものである可能性があります（つまり、自動的で両義的です）。それらは社会全体によって育てられた可能性もあります。育て方は多大な影響を及ぼします。自分の無意識の思考に対する認識を深め、それが日々どのように自分に影響を与えているかを特定することができます。

　偏見と偏見はどのように形成され、それらに対して何ができるのでしょうか??これらの質問を検討するときは、まず偏見や偏見がどこから来るのかに焦点を当て、次にその影響を軽減する方法に焦点を当てる必要があります。私たちの心は情報を分類して別々のセクションに分割する傾向があり、これがこのような行動につながります。社会的認知として知られる他者に関する知識を保存、処理、適用することによって、社会的状況において関連性を形成するとき。暗黙のバイアスは、私たちの脳がつながりを確立するためのパターンを検索するときに発生します。これは、私たちを暗黙のバイアスに直接導くものです。

　暗黙のバイアスは、生活を簡素化しようとして近道を選ぶ脳の傾向から生じます。情報が過多になるとデータの処理が面倒で時間がかかる場合があるため、頭の中でショートカットを使用することで、すべてのデータをより迅速に選別して、どの情報が関係しているかを見つけることができます。

他人の偏見や偏見を変えるのは難しいですが、自分の個人的な好みを特定することで、それらを軽減し、偏見が他人に対する判断や行動にどのような影響を与えるかを他の人が理解できるようにすることができます。

基礎から始めましょう。何よりもまず、すべての人は分類できない個別の資質、強み、弱みを持った個人であることを認識してください。したがって、親密なレベルで人々を知ることに時間を費やし、固定観念や偏見に基づいて人々を分類したり固定化したりしないようにしてください。誰かに対するあなたの反応が何らかの理由で生じた場合は、そのような偏見のある信念を取り除くためにすぐに行動を変えてください。ただし、応答が早く来る場合もあります。行動を起こした後は、もう一度特定の方法で行動する前に、時間をかけて熟考し、他の選択肢を検討してください。

考え方を変えるには、視点を変えることも重要です。他人の視点から物事を見ることで、相手の立場に立って考えることができ、相手がどこから来たのか、どのように考え、経験を積んだのかを理解するのに役立ちます。これを行うと、あなたの中に共感が芽生えるかもしれません。一度この感情が芽生えると、それらについて判断を下す前に自然によく考えるようになるでしょう。

新しい文化、民族、人種と関わることは、視野を広げるのにも有益です。これらのグループの人々により多くの時間と注意を払うことで、瞬時に帰属意識を感じることができ、彼らに対する偏見が生じるのを防ぐことができます。

ヨガや瞑想とは別に、集中呼吸や集中ヨガ瞑想などのマインドフルネスの実践も、個人が自己認識を高め、自分の考えや行動をコントロールできるようにします。

個人的な偏見、偏見、制限は、特定の枠組みを超えて人々を見ることを妨げるため、厄介な場合があり、それが結果的に彼らに対する誤った理解につながります。しかし、良い面としては、心を開いてこれらの制限を認識することで、制限を排除するか、少なくとも軽減することに取り組むことができるようになります。これにより、人の見方が改善されるだけでなく、思考がさらに広がり、個人的な成長が促進されます。

第 13 章: 成功のための直観を理解する

　どの方向に進むべきか分からず、行き詰まりに陥ったことはありませんか?利用可能なさまざまなオプションの長所と短所を徹底的にリストアップしたにもかかわらず、決定が進まないことがありますか?各オプションにはさまざまな障害があり、どのように進めるのが最善かわかりません。

　このような状況では、自分自身を正直に棚卸しし、自分の本当の願望を特定することが重要です。しかし、このプロセスが自然に身につかず、プレッシャーによって衝動的に行動したり、人々を喜ばせる行動に従ったりしてしまうと、悲惨な結果になる可能性があります。

　困難な時には直感が味方になってくれるでしょう。それを直感と呼ぶ人もいます。他の人はそれを直感、内なる声、または予感と呼んでいます。名前が何であれ、直感は、決断が自分の心と一致する時期を知らせることで、困難な人生の道に沿ってあなたを導きます。

　しかし、多くの人は自分の直感を認識するのが難しいと感じています。それは、考えすぎ、承認欲求、暗黙の偏見や過去のトラウマなど、私たちの内なるハードルが邪魔をして、それを利用することを妨げていることが多いからです。これらのハードルを克服するには、自己認識と、何が自分の意思決定の原動力となっているのかを特定する能力が必要です。これが達成されると、強力な直観的思考が生まれ、個人として自分自身に利益をもたらす決定を導き、自分にとって有益な決定を慎重に選択するようになります。

　ヘンリー・フォードのような有名人は、直感に頼る人の良い例です。そのような人物の 1 人は 1914 年、ヘンリー フォードが会社で需要の減少と離職率の高さに直面したときでした。従来のアドバイスに従って従業員の給与を50%引き上げる代わりに、彼は大胆な行動をとり、その代わりに給与を2倍にした。その結果、離職率が低下し、自分で車を買う従業員が増え、最終的には需要が再び増加した。

　アルバート・アインシュタインも、直観のために伝統的な物理理論を無視した著名な科学者でした。彼はインスピレーションと直観を信じており、確かなことは分からないにもかかわらず、自分が正しいと確信していると認めた。王立アカデミーから資金提供を受けた科学者たちがアインシュタインの相対性理論をテストする実験を行ったとき、彼はその成功を確信していました。1919 年 5 月 29 日の日食が彼の理論を証明したときも驚くことではありませんでした。

　ポール・マッカートニーは「イエスタデイ」を制作する際、直感に大きく頼っていました。彼によると、非常に人気のあるものを書くことを夢見ていたが、その内容が予想とは異なるかもしれないという恐怖を抱いていたという。それでも彼は自分自身を信頼し、最終的に彼を成功へと導き、彼が「最も魔法のような経験」と考えた直感に頼ったのです。

　では、直感とは一体何でしょうか？直感について覚えておくべき重要な点の 1 つは、直感には論理が欠けているということです。代わりに、感情的な本能、経験、またはその他の要素に基づいて意思決定を行います。さらに、直感は 3 つの異なるカテゴリに分類できます。

　＊ 洞察力と一貫性: この分野は知性 (IQ) に関連しており、その源を理解せずに何かを実現することが含まれます。

　主観的直観とは、何かを知っているという幻想を持つことを指し、知的好奇心旺盛でパズルを解くタイプの人がよく使用します。＊ 暗黙的な学習とは、認知パターンを拾うことによって何かを知ることを指します。

　直観は、脳によって意識的および潜在意識の両方で処理された情報を使用して、過去の経験からのパターンと現在の状況からのパターンを一致させることに依存しています。次に、直感が脳の無意識の部分からこれらの考えやパターンを引き出し、現在のシナリオに直接適用します。これにより、より迅速かつ断固とした意思決定が行われます。

　脳の予測能力は、認識に達していない隠された知識と現在の経験を一致または不一致にすることによって機能します。

　なぜこれを直観に関する講義にしたのでしょうか?それは単に、その仕組みと意思決定に対するその影響を理解すれば、恐怖から引き起こされる感情的反応と区別し、より効果的な人生の意思決定を行うためにその洞察を活用できる可能性があるからです。

　自分の直感を認識するだけでなく、さまざまな練習を通じて直感をさらに強化することができます。

　意図的に内省することは、自己認識を高め、自分の優先事項を認識するのに役立ちます。定期的に内省を行っている人は、自分の感情、それが自分に影響を与える場所、感情的な反応がどこにあるのかを探ります。定期的に内省する人は、自分の感情を感じることを恐れません。むしろ、「これについて私はどう感じていますか?」と尋ねる習慣ができています。彼らの感情を特定し、信頼するために。

　直観力の高い人は、見せかけの後ろに隠れることなく、自分自身に対してオープンで正直であり、「こうあるべき」に囚われるのではなく、自分のニーズや欲求を反映していることで知られています。彼らの視点は、自分自身のバランスを維持し、直観を制御するのに役立つ価値観によって動かされています。

　エネルギーを充電し、自分自身を再充電して内省するために、彼らは時々孤独を求めます。孤独は、公園や森をゆっくりと散歩したり、暖炉のそばでコーヒーを飲んだり、海辺に座って夕日を眺めたりすることなど、自分に余裕を与えながら自分の内なる声を聞くことができるあらゆる活動の形で現れるかもしれません。

　共感力も直感的な人々によく見られる特徴です。他の人の立場に立って、他の人がその出来事をどのように経験するかを察知する能力により、彼女たちは多くの人にとって頼りになる人になります。彼らは直感により、相手がどれだけ親密に感じているかを理解することに興味を持ちます。好奇心からではなく、個人の間に強い絆を築きたいからです。直観的エンパスは、誰かと親しくなればなるほど、その人の気分を予測し、そのニーズや感情を把握することが容易になります。彼らの感覚

は、ボディーランゲージや社会的相互作用などの手がかりを捉え、ボディーラン
ゲージや社会的相互作用の観点から、個人が周囲の人々から何を必要としている
かをより正確に理解するのに役立ちます。これは、点と点を結び付けて、お互いが
自分に何を求めているかを理解し、理解するのに役立ちます。ボディーランゲージ
や社会的交流の観点から、人々が他者に何を求めているかを知ることで、直観的
エンパスがお互いが自分に何を求めているかを感知するのに役立ちます。
　　直観は、有害な状況から逃れ、より大きな充実感をもたらす状況へとあなたを導
く強力な資源となります。直観は、瞬時の反応と精神的能力を開く能力により、情
報に基づいた迅速な意思決定を行うのに役立ちます。このリソースをより完全に活
用するために、直感が最も容易に現れる状況を認識してください。その瞬間を再現
し、その威力を最大限に発揮します。

第14章「自分自身に忠実であれ」

　今日の社会での生活は、私たちの行動、思考、性格をさまざまな形で形作ります。この人生を生きていく中で自分自身に忠実であり続けることは、難しいことかもしれません。それでも、本物であることは、あなたの可能性を最大限に引き出し、最大限の可能性を実現するのに役立ちます。

　誰かに「調子はどう？」と聞かれたら、どう答えるべきでしょうか？彼らはあまり気にしていないと思い込んで、「大丈夫です」などの不誠実な答えを返してしまいがちですか？それとも、自分の本当の気持ちを正直に答えることを検討すべきでしょうか?自分の本当の状態を明らかにすると、多くの人が避けたがる自分自身についてのさらなる会話につながるため、ほとんどの人は後者のアプローチを選択します。

　理想的に言えば、人々は自分自身を自由に表現することを恐れず、他者を遮断するのではなくマスクを着用するでしょう。しかし、残念ながら、マスクを長期間着用し続けると、マスクが外しにくくなり、自分ではない自分になってしまい、たとえ一人でいるときでも、他人が自分をどう見ているか、他人が自分をどう思っているかを考えるようになります。

　デンマークの心理学者スヴェン・ブリンクマンは、人は自分自身や他人が常に幸せで前向きに見えることを期待することが多いと指摘しました。ただし、これにはマイナスの副作用が生じる可能性があります。ポジティブであること自体はポジティブなことですが、常に幸せそうに振る舞うことには、ポジティブに見せることで他人を喜ばせるために自分の本当の気持ちを隠すことが含まれる場合があります[14]。

　常に幸せで楽観的でいられる人はいません。大丈夫ではないのに、すべてがうまくいっているふりをすることで、自己主張をやめ、本当の自分から離れ始めます。否定的な感情を認めると、その感情の原因や、その発現に寄与した可能性のある出来事についての熟考が促されます。見つかったら、解決に向けて努力する必要があります。単に問題を隠したままにしておくと、時間の経過とともに問題の深刻さが増し、管理できなくなります。

　どうすれば本当の自分になるための道を歩み始めることができるでしょうか？

　傷つきやすいことを学ぶ
　自分自身に忠実であるということは、必要なことを尋ね、それを口頭で表現できることを意味します。スピーチで感情を表現すると、「大丈夫じゃなくても大丈夫」と誰かに伝えるなど、自分のニーズや欲求を明確に伝えることができます。自分自身の一側面を無視することは、別の部分を抑圧することを意味する可能性があります。本当の自分であるということは、自分のすべての部分を受け入れることを意味します。貧しい部分も自給自足の部分も同様に受け入れます。

　脆弱性があると、他人があなたの欠点や弱点を強調する力が弱まります。一度認識すると、他の人はこれらをあなたに対して使用できなくなります。

　時間をかけて、誰もいないときに自分がどのように行動するかを観察してください。他人や自分自身を喜ばせる行動は何ですか？本物の最高の自分になるためには、成功したり高い地位を持ったりする必要はありません。むしろ、誰もいないときにどのように行動するかを通じて人格を開発することが必要です。

　あなたが望む人生を達成するには、なりたい自分に忠実であることが不可欠です。多くの人は人生において「うまくいくまで偽りをする」というアプローチをとりますが、情熱と誠実に生きようとする意欲が欠けている場合、これは困難になる可能性があります。強い性格は、私たちが望む目的地にもっと簡単に到達できるようにする回復力を養うのに役立ちます。

　性格は、自分に起こったことの犠牲者になるのではなく、与えられた状況でどのように反応するかによって定義されます。障害に直面したときに正しい行動をすることは、この概念の一部です。もう一つの側面には、何が起こっても耐えられることを他の人に証明するために、それらを克服する努力が含まれます。自分の人生に責任を持つということは、自分の選択や行動に対して悪びれず、困難な時期でも楽観的であり、自分が思い描く人生を創造するために最高の自分になることを意味します。

　しかし、自分が本当に望んでいることは何なのか、どうやって特定するのでしょうか?残念ながら、成功、地位、富が常に幸福や満足をもたらすとは限りません。私たちの物質的な目標への欲求は、自分が十分であると信じていないことから来ています。

　人間は、ありのままの自分で「十分」だと感じたいという欲求が、多くの人が高価なものを買ったり、豪華なレストランで食事をしたりする動機となっています。あなたのエゴは、自分の価値を他人に証明するためだけではなく、自分らしくあるべきだと言い始めます。しかし、これは自己価値の真の理解を反映していません。

　エゴは、価値と自己愛への執拗な探求によって私たちの本当の自分を抑圧することがあります。そのため、私たちはその空白を埋める手段として、富や地位を求めることでエゴを養います。

　物質主義的な余計なものがなくても、自分は十分だと認めることは、本当の自分を理解し、自分で思い描く人生を創造するための鍵です。これを自分の中で深く信じることで、本当の自分とつながり、自分にとって充実した存在を形作ることができます。

　本当の自分を受け入れて認識することによって、あなたは宇宙によって設定された道に乗り出す準備ができているという信号を送ることができ、その途中にあるあらゆる課題を克服し、幸せで満足した人間になることができます。

　私たちは読書(判断)が難しすぎますか？数日前、夜のワークアウトセッションのためにジムに入る列に並んでいたとき、2人の女性が「太ったジュディ」と知っている別のジム会員について話し合っているのを耳にしました。ある人は、「彼女は今夜ここにいるのだろうか…」というようなことを言いました。

　「そうです、彼女はいます。イエス、彼女はとても豆脳です。」

　自分たちの番が来ると、二人の女性は娯楽としてジュディを笑いながらジムに入ってきた。彼女たちは大人の女性たちで、自分たちとは異なる方法で問題に取り組んでいる人を批判することが娯楽の源でした。

　このような出来事は、判断とは不快な感情であることを私たちに思い出させます。残念ながら、判断は他の人を定義する以上にあなたを定義することがよくあります。あなたのそれは多くの場合、自分自身の中にある弱さから生じています。

　これらの状況に見覚えのあるものはありますか？「小学生が撮ったような写真なのに、なぜあの子のインスタグラムは私よりフォロワーが多いの？」これが意味するのは、自分のアカウントにもっとフォロワーが増えればいいのにと思いつつ、常に不安を感じているということです。

　「あの人はいつも幸せそうで優しそうなのに、偽物に違いない！」それは、人々とつながる彼の能力に対するあなたの嫉妬を示しており、あなたの人生が彼と同じくらい満足のいくものであることを願っています。しかし、自分自身を向上させるために努力するのではなく、代わりに他人を判断し、レッテルを貼ります。

　「彼は高価な車と家のおかげで自分がとても重要だと思っています。なんて表面的なのでしょう！」あなたの唇はそう言いますが、あなたの心はそうではないことを知っています。しかし、あなたの唇が表現していることは、実際には、これらすべての贅沢があなたに、常に破産していると感じるのではなく、別のライフスタイルを送りたいと思わせることを意味しているかもしれません。

　あなたの周りを見回して、他人を厳しく批判しながらも自分に自信を持っているように見える人を見つけてください。あなたの判断は、あなたが社会から隠そうとしている弱さ、不安、ソフトスポットを明らかにするので、そのような人はおそらくいないでしょう。

　私たちが他人を簡単に批判する理由の１つは、私たちが自分自身に対しても同じことをしているからです。すべての道は「私たち」に戻ってきます。

　他人の文章を読んで厳しく判断しすぎていることに気づいたら、どうすればよいでしょうか。完全に停止するというのは理想的に聞こえるかもしれませんが、それは不可能です。しかし、不謹慎な批判モンスターになる前に自分を捕まえる効果的な方法があります。誰かを読んだり批判したりするときに注意し、そうなる前に立ち止まってください。

　好奇心を持ち続けてください。判断は合理的な思考を妨げ、人や状況を理解するのを妨げます。多くの場合、こうした確信は限られた情報から得られます。

　好奇心は、状況にさらに何かがあるかもしれないという可能性に対して人をオープンにし続けます。あなたが観察していない舞台裏の何か。

　誰かが奇妙な行動をしたり、あなたの好みに反する行動をしたときはすぐに、次の単純な質問を自分に問いかけてください。「その人に私には見えない何かが起こっているのでしょうか？」このアプローチは明白に思えるかもしれませんが、目に見える以上のことが起こっていることがよくあることを思い出させるのに役立ちます。

　人を判断するのは簡単で、満足感を感じることもあります。しかし、好奇心を持ち続けるには、心の知性、成熟度、自制心が必要です。

　誰かについて瞬時に判断する前に、不親切な言葉を話したりメールしたりする前に、立ち止まって考えてください。一度言った言葉は、一生残るほどの衝撃的な印象を残します。彼らの立場に立って、彼らの意図を理解できるようにしてください。ネガティブな思考パターンを建設的なものに変えて、内側からネガティブな思考と闘えるようにし、その原因を排除しましょう。

　個人の成長と発達に不可欠な要素は、自分自身の欠点に気づき、パターンを変えてよりポジティブで成熟した個人になると同時に、この旅の一環として判断や批判なしに他者を受け入れることです。

第 15 章: モチベーションを決める

　第 2 部で説明したように、何が他人を動機づけるかを理解することが重要です。しかし、あなたの幸福と幸福にとって同様に重要なのは、何があなたを人生に駆り立てるのかを特定し、理解することです。自分自身にインスピレーションとモチベーションを維持することで、自分自身の中に幸福をもたらし、周囲の人たちに広がるエネルギーと原動力を見つけることができます。空の井戸を埋めるだけでは安心できないのと同じです。

　内的動機は、経済的自立、健康上の利点、安定性、自己実現など、複数の原因から得られます。モチベーションは人それぞれ異なります。したがって、タスクやスキル指向の仕事でより成功する人もいれば、サービスの仕事に留まる人もいるのはなぜでしょうか。これらの要因が、人がどの道を選択するかを決定します。

　1. 内発的動機: 犯罪ドキュメンタリーを見たり、ミステリー小説を読んだりすることで犯罪ジャーナリズムを勉強するなど、それ自体のために楽しんで行う活動。

　2. 明確な動機: 目標の達成に近づくために取り組む活動。たとえば、法執行官として働くことが目的の場合は、犯罪ジャーナリズムを勉強します。

　内発的かつ特定された動機が子どもの幸福と幸福に及ぼす影響を調査するために行われた研究では、もっと学びたいと本質的に動機づけられている子どもは、成績に関係なく、心理的により良い状態にあることが示されました[15]。

　どの動機がどのような行動を引き起こすかを理解したら、次のステップは、何があなたを動かすのかを特定することです。自己評価を行い、どのようにして、なぜ今の自分になったのかについて正直になることは、何が自分を駆り立てるのかを特定するのに役立ちます。そして、人生でなりたい場所に到達するための行動計画を立てましょう。

　専門家は、モチベーションを特定しようとするとき、自分が最も生き生きと感じ、何かをやり遂げたいと熱望していた瞬間を思い出すと役立つとアドバイスしています。特にエンゲージメント率が高かったタスクを振り返ると、あなたの情熱がどこにあるのかが明らかになるかもしれません。

　それらの事例を思い出し、何が達成感や興奮につながったのかを考え、なぜそのようなことが起こったのかを理解してその原因を探ってください。この質問に答えることで、動機を特定するのに役立ちます。それらを正確に特定するために自分自身に投げかけられるいくつかの質問を次に示します。

　* 2 〜 3 年後の自分は誰になっていると思いますか?

　この人はどう行動するでしょうか?お金や資源があなたにとって問題ではないとしたら、寛大な精神で誰を助けますか?自分の興味や動機について、インパクトのある発言をしたい場所はどこですか。* あなたを幸せにする趣味や追求は何ですか?

　* 最高の自分になり、思い描く人生を創造するには、どのような特質を磨く必要がありますか?

あなたのインスピレーションを明らかにし、あなたの価値観と信念を反映した人生を送るために、次の質問に答えてください。

モチベーションを上げるための重要なステップの 1 つは、恐怖に立ち向かうことです。恐怖は私たちが前進することを妨げます。それは動きを妨げ、あらゆる場面で私たちに自分自身を疑わせ、不必要な警戒の道に私たちを導きます。残念ながら、私たちの恐怖は、リスクの正確な評価ではなく、想像力から生じることがあります。たとえ自分の仕事をさらに追求するために興奮が恐怖を覆い隠したとしても、私たちの中には依然として外部の影響から身を守りたいと思う部分があり、安全を確保するために遠慮することになります。

この状況から抜け出すには、恐怖に正面から取り組み、克服する必要があります。最初のステップは、声に出してそれらを認識することです。彼らを大声で認めることで、あなたに対する彼らの力は徐々に弱まるかもしれません。次の質問を自分自身に問いかけてください。

＊あなたが恐れていることが起こる可能性はどれくらいですか？

そして、なぜそうなるかもしれないと不安に思うのですか？

それらに正面から対峙することで、どの恐怖が現実でどれが想像上のものであるかを知ることができます。あなたの不安は、目的地に到着する前に埋める必要があるギャップがどこにあるのかを示し、リスク管理戦略を導入する必要があることも示します。これらの恐怖に直接対処すると、何が前進を促進し、阻止しているのかを評価することがはるかに簡単になり、その知識により、望ましい目標をより早く達成できるようになります。

第 16 章: 会話への欲求を育てる

　会話は、人々の間でつながりを築き、考えを交換し、相互理解を発展させるための効果的かつ簡単な方法です。こうしたやり取りは楽しく、個人の性格や好みについての洞察を提供するものでなければなりません。それらを通じて、私たちは共感を育み、理解されていると感じ、お互いの意見を聞き合い、思い出に残る経験と生涯にわたる永続的な成長を生み出します。

　ただし、こうした「会話」のメリットを享受するには、人々があなたと会話したいと思うレベルに到達する必要があります。これは、苦労せずに注意を引きつけ、部屋を支配し、社交的または職業的な状況で輝くことを意味します。

　これらの能力は生まれつきのものなのでしょうか、それとも特定のトレーニングや練習を通じて開発できるのでしょうか？

　ここに内部情報があります。興味深く、教養があり、知識が豊富な個人として自分自身を位置づけることによって、これらの能力を養うことができます。

　人間は誰でも面白いことを望んでいます。それは議論の余地のない真実です。最前線に立つことに抵抗がある人であっても、それでも面白く思われたいし、つまらないというレッテルを貼られるのを避けたいと思うでしょう。興味深いことは影響力とチャンスにつながります。何が興味深い人を動かすのかを理解することで、あなたもその人になり、影響力の輪の中で影響力を持つことができるでしょう。

　どうやってそれができる？

　まずは包括的になることから始めましょう。他人を軽視して「クール」になろうとしないでください。それはあなたの信頼をさらに損なうだけです。人々を軽視するのではなくサポートします。これにより、より良い印象が得られます。

　パーティーやバーで、飲み物を持ちながら話し相手を探している人を見かけたら、無視しないでください。彼らに注目され、含まれていると感じてもらうために、会話を始めようと試みます。過去の会話の中で学んだ、彼らについての何かを話してみてはいかがでしょうか。これにより、あなたがその人と話しているときに耳を傾けていたことが相手に伝わります。自分が良い聞き手であることを確立し、相手があなたを興味深い人物だと認識してもらいましょう。

　注目の的になるのは良いことですが、謙虚であることも不可欠です。研究によると、人々は謙虚さを示す人と一緒に時間を過ごすことを楽しんでいます。この用語は文脈によって大きく異なる可能性があるため、「他人の意見や視点を尊重することは謙虚であること」を定義として使用しましょう。これにより、相手が重要であることがわかります。

　謙虚さを自尊心や積極性の欠如と混同しないように注意してください。謙虚であるためには、他の人を特別に感じさせるような自虐的な行動は必要ありません。自分の能力と、自分ができること、できないことを認識して謙虚になりましょう。「答えはまだ分かりませんが、調べて連絡します」と言うような単純なことでも、「この話題には詳しくないので、詳しく教えてもらえますか？」と認めることでも構いません。謙虚さを示すことができる。

　初心者のようなオープンな心を持っていることを示して、怖がらないようにしてください。会話を前進させるためのもう 1 つの効果的な戦略は、真の寛大さであることです。これにより、他者からの互恵的な心理的反応が引き起こされます。これは、贈り物や食べ物を買うといった物質主義的な行為を意味するのではありません。率直に会話をしたり、気軽に褒めたり、形式的に尋ねるのではなく、相手の気分を尋ねたりしてください。

　自分の時間と注意を惜しみなく使うことで、他の人があなたにもっと興味を持つようになるでしょう。あなたが彼らの存在から物質的な利益を得るためだけにそこにいるわけではないことを彼らは理解するでしょう。

　寛大に「はい」と言ってください。他の人にとって関心のある分野に関する特定の専門知識や洞察を持っている場合は、見返りを考慮せずに、それらを自由に使用してください。

　興味深く役に立つ人であれば、他の人から好意を寄せられ、生涯にわたる関係を築くことができます。ここで紹介した会話の練習を実践すると、会話の話題になりやすくなります。

　長い間沈黙したり、ぎこちない表情をされたりして、会話が不快になった経験はありますか

　誰でも、会話中に長い沈黙や気まずい視線を不快に感じることがあるでしょう。そのとき、私たちは対話を続けることの重要性に気づきます。人々を議論に集中させ続けることとしても知られています。

　その方法は次のとおりです。共通の興味を見つけてください。興味や優先事項に関しては人によって大きく異なります。共通点を見つけると、お互いの間に架け橋を築くことができます。2 人の間の類似点を見つけたら、それについて興味深いと思ったことをすべて書き留めます (会話のきっかけとして)。そのリストを何度も見直して、その分野で会話のポイントが生じたときに簡単に記憶に定着させます。その後、必要に応じてそのリストを参照してください。さらに、お互いに関連するトピックに関する会話のきっかけを書き留めて、議論が決して終わらないようにします。

　興味深いトピックには、サッカー、市場に導入された最新の機器、楽しかった映画を見たり読んだり、大声で笑ったドナルドトランプのコメントを聞いたりすることが含まれます。

　言葉に詰まったときは、遠慮せずに自由形式の質問をしてください。自由形式の質問には「はい/いいえ」以上の回答が必要であり、関係者間の会話が確実に生まれます。

　トピックの例としては、以下が挙げられます。コンサート: 私の考え
　一人またはグループで外出したとき、最も楽しかった映画のシーンは何ですか?

　これらの質問は、人々が自分自身についてもっとオープンになるよう促します。この種の質問は、会話間の気まずい沈黙をなくすことで、あなたと他の人の間で会話をよりスムーズに進めることができます。

　このような質問をすることで、あなたが相手の意見や感情を気にかけているということを相手に示すことができます。これにより、あなたと相手の間で対話が継続され、関係が構築されます。彼らはあなたがそれを維持するために費やしたこの努力に感謝するでしょう！

　感情的な絆を築く
　会話は単に言葉として見られるべきではありません。会話は人々の間に感情的なつながりを築くのに役立ちます。有意義な情報を共有せずに対話全体を行うこともできますが、そうすることで有意義な絆を築き、相手の内面を垣間見ることができます。

　ブラート！他にどうやってもうまくいかないときは、遠慮せずに声を上げてください。自分の言葉が他の人にとって退屈かもしれないと心配するため、会話が難しくなることがあります。したがって、判断されることへの恐れが言葉や行動として現れるまで、私たちの考えや言葉は隠されたままになります。しかし、多くの場合、この恐怖は単なる想像から生じています。
　次回そのような目に遭ったら、（人種差別的または性的に攻撃的な内容が含まれていない限り）自由に思ったことを話してください。人々はあなたが想像していたほど心が狭いわけではないことに驚かれるかもしれません。
　会話を続ける努力は、両方の参加者が会話に集中し、積極的に参加する場合にのみ成功します。彼らが無関心の兆候を示したり、寄付をまったく拒否したりする場合は、それを直ちに終了する必要があると考えてください。

　興味や目標は関係ない　興味、個人的な目標、職業に関係なく、個人的な関係が個人的および職業上の成功の鍵であることは否定できません。しかし、出会った人と簡単につながることができる人もいれば、有意義な関係を築くことはおろか、健全な会話をすることさえ難しい人もいることに気づいたかもしれません。

　ここでは、近所の安全を求める嘆願書に署名することで、バーの美しい女の子、年中行事の部長、または隣の家に近づき、注目を集める方法をご紹介します。
　では、このスキルはどのように開発できるのでしょうか？

　何よりもまず、人は誠実な人に対してより良い反応を示すということを覚えておいてください。つながりの構築と維持は、真の意図から始まります。表面的なやり取りを試みても長続きしません。プロモーションや無料チケットのためだけに人々と話すだけでは役に立ちません。人々のことを本当に気にかけていれば、時間が経つにつれて彼らは真の友達になれるでしょう。
　2つ目は、つながりを持とうとしている人に時間と注意を与える意欲を示すことです。資源が限られているため、人々に贈り物や物質的な愛情表現を注ぐことができない場合もあります。相手の好みや好みについて学ぶ真の時間を与えることは、彼らが重要であることを示すのと同じくらい影響力のあるジェスチャーです。

　独自の調査を通じて彼らについて詳しく知ることが難しい場合は、彼らの知り合いとつながることが非常に役立つ可能性があります。人々は私たちの習慣や趣味を真似する傾向があるため、好きな人のことをより親密に知ることで、その人についての洞察も得られるかもしれません。

　つながりを作ることは、プロの現場でも非常に貴重です。求人の多くは紹介やネットワークを通じて埋まります。したがって、人間関係を築くことによって、あなたは無限のチャンスに自分自身を開くことができます。

　誰かがあなたを仕事に推薦する場合、その推薦によってあなたの信頼性が保証され、その仕事を確保しやすくなります。一緒に過ごす時間が限られているからといって、同僚との関係構築を過小評価しないでください。社会的なサークルに人が増えるということは、人生におけるチャンスが増えることを意味します。

　つながりを確立したら、次のステップはそれを育み、強い状態に保つことです。残念ながら、一度視界から消えると、人々の記憶から消えてしまうことがよくあります。あなたを忘れられないものにする最も簡単な方法は、クリスマス カードや誕生日メッセージをテキスト メッセージで送信したり、お気に入りの本に個人的なメモを添えたりするなどの小さなジェスチャーです。自分が重要であることを示すこれらのリマインダーに、人々がどれほど喜ぶか驚くかもしれません。私たちは皆、思い出されることを切望しています。あなたの関係が彼らを大切にしていることを示すことで、誰かに彼らが大切であることを示してください！生涯にわたるつながりを築くことができます。

　人々の心をつかむために必要なのは、あなたが彼らを理解し、大切にしていることを示すことだけです。そうすればあなたは彼らの忠誠心を得るでしょう。

第 17 章: 成功のための心の知能指数

　デジタル時代により、私たちはタスクを自動化したり、機械を使って仕事量を管理したりすることがこれまで以上に簡単になりましたが、テクノロジーに依存すればするほど、タスクを完了したり、困難を克服して仕事を完了することに伴う感情を経験することから遠ざかります。感じられる。

　ここで心の知能指数が活躍します。それは、自分自身の感情と周囲の感情の両方を認識する能力を指します。これには、それが他の人にどのように影響し、その思考や行動に影響を与えるかも含まれます。人間の感情をより深く理解することで、感情的に知的な人々は、出会う人々に対してより思いやりと理解を示しながら、他の人々とのつながりを容易にします。この資質は、彼らの職業的および個人的な成功に大きく貢献します。

　感情的知性と知能指数 (IQ) は両方とも異なる形態の知性を表すため、人々はこれらを混同することがよくあります。主な違いは、それぞれの測定方法と表現方法にあります。

　IQ は標準化されたテストを通じて精神的知能を測定し、精神的能力と直接結びついています。たとえば、情報を理解し、それを問題解決に適用できるようになります。IQ が高い人は、精神的なつながりを素早く築き、抽象的なアイデアを素早く受け入れることに長けています。心の知能指数は、状況を理解するために感情をどのように利用するかを指します。このスケールの上位にある人は、感情的に安定しており、困難な段階を経験している人に効果的に対処しながら、自分の感情をうまく管理できる人である傾向があります。

　これら 2 つの知能のもう 1 つの違いは、IQ は出生時に受け継ぐものであるのに対し、心の知能指数は生い立ちや周囲の環境での経験から発達することです。強い対人スキルを養うことで、大人として感情的に知性を身につけることができます。

　それを実現する方法は次のとおりです。

　※自分の反応には気をつけてください。状況のあらゆる側面を完全に理解する前に判断に飛びつくのではなく、他の人の視点から物事を見て、固定観念や偏見に屈することなく広い心を保つようにしてください。他人の視点を受け入れ、意見を受け入れることで、信頼を築きます。

　* 自分自身を評価してください。自分の弱さを自覚していますか？より良い人間になるためには、自分自身のいくつかの領域に取り組むことが必要であることを受け入れられますか?自分自身を正直に思慮深く見つめ、成長を妨げている部分を変える勇気を持ってください。それはあなたの人生を変えるかもしれません。* 正直に、そして思慮深く自分自身を見つめてみましょう！正直になると人生が変わるかもしれません！

　*ストレスの多い状況で自分がどのように反応するかを評価します。たとえば物事がうまくいかなかったときなど、物事が期待通りに進まないときの失望にどう対処しますか?逆に他人を激しく非難したり責めたりしますか？失望を冷静に管理できるこ

とは、仕事上でも個人的な状況でも非常に価値があり、感情の爆発が性急な決断
や後で後悔する可能性のある行動につながるのを防ぐことができます。
　＊自分の成果の検証を求めないでください。謙虚さは、非常に貴重な感情の
ツールボックス資産となる可能性があります。それを実践することで、他人に自慢す
る必要がなくても、自分の強みや成果を認識していることを他の人に示します。代
わりに、自分自身を鼓舞する方法として、他の人の成果に焦点を当ててください。
彼らの功績があなたにも影響を与えているのがわかるかもしれません。
　※自分の行動には責任を持ちましょう。他人に不快感を与えた場合は、謝罪す
るか、必要に応じて直ちに状況の解決に努めてください。彼らの感情を無視した
り、ガスライティングで彼らが決して傷つけられるはずがないと信じ込ませたりしない
でください。正直に物事を正し、償いをする努力を示すことで、あなたはその人があ
なたに大切にされており、二人の関係を維持するために可能な限りのことはすべて
行うということをその人に示すことになります。
　＊自分の行動が及ぼす影響に注意してください。何らかの行動を起こす前に、
それが状況に関与している人々にどのような影響を与えるか、また、提案したことに
対する彼らの反応を常に考慮してください。それは彼らに害を及ぼすでしょうか、そ
れとも事態をさらに悪化させるでしょうか？この場合は、それを進めることを完全に
避けてください。しかし、何らかの理由でそれが避けられない場合は、必ず最初に
この決定について話し合って、その悪影響を最小限に抑える方法を見つけるように
してください。

　心の知能指数は、人を読んで理解するための鍵となります。それは個人と強い
絆を築くことができ、最終的には人生のあらゆる側面で成功につながります。

第 18 章: パートナーにとって理想的な環境を確立する

あなたのパートナーが仕事で忙しい一日を終えて帰宅したとき、「やっと！これでリラックスできる！」と思いますか？それとも、「また来た！」と思うのでしょうか。あなたが結婚や恋愛を成功させたいのであれば、理想的には前者の言葉を考えてもらいたいと思います。たとえ完璧な家に帰ってくるのは良いかもしれませんが、より重要なのは、彼らが楽しく滞在できる環境で安心して過ごすことです。清潔さそのものと同じくらい、歓迎されていると感じます。

大変な一日を過ごしたときはどうすればよいですか？会議中の見知らぬ人たちと同じように、笑顔で優しくしようと努めますか、それとも自分の感情の残骸をすべて相手にぶつけますか？不思議なことに、私たちに最も近い人たちは、私たちの最悪の側面を見ることがよくあります。家庭や人間関係においてお互いに「本物」にならなければ、他に誰に心を開くだろうか、と主張する人もいるかもしれません。しかし、あなたは彼らからの頻繁な発煙や大騒ぎにも対処できますか？

したがって、自分自身が生きていけない環境を作らないことが大切です。確かに、不安、怒り、ストレスに支配される瞬間は誰にでもあります。ただし、パートナーがネガティブな考えに戻らないように、こうした出来事を最小限に抑えるよう努めてください。こうした感情を一人でコントロールするのが難しいと思われる場合は、友人やセラピストに相談してサポートを求めてください。あなたの精神的健康が安定していて初めて、お互いにとって最適な雰囲気を作り出すことができます。

パートナーを魅了するには、パートナーと話すときにテクノロジーを考慮に入れないことが必要です。Twitter フィードを同時にスクロールすることなく、最大限の注意を払うことができます。彼らの一日がどうなったかを聞き、その日に何をしたかを報告してください。家が十分に広い場合は、頻繁にチェックインする誘惑を減らすために、ラップトップやコンピュータを目の届かないところに置いてください。整理整頓すると、毎週 1 回だけのデートではなく、頻繁に再会できるようになります。

さらに、外部の影響も理想的な雰囲気を作り出すのに役立ちます。たとえば、パートナーが到着したら、あなたとあなたの家の両方が良い香りに包まれていることを確認してください。これにより、相手はすぐに精神的にリフレッシュされ、親密な気分になります。香りのキャンドルに火を灯し、軽い音楽をかけて、ロマンチックで居心地の良い雰囲気を作りましょう。あなたのパートナーはきっとあなたともっと長く一緒にいたいと思っているでしょう！

あなたの家は快適さと平和のオアシスであるべきです。パートナーと一緒に家を建てることができれば、パートナーシップを成功させるのに大いに役立つでしょう。

彼らのコンフォートゾーンを認識し、それに対応する
あなたの関係には、スウェットパンツを履いたり、ベッドでおならをしたり、パートナーが「ベイビー、そのニキビがあなたの顔全体を覆う可能性がある!」と叫んだりすることが含まれていますか?これがあなたとあなたのパートナーの間の力関係を表しているなら、あなたは長く続く楽しい関係を確立することに成功したことになります。

　関係のある時点で、あなたが参加したいと思っていた活動や社会的状況が、パートナーの快適ゾーンを超えている状況に遭遇するかもしれません。関係の平和を維持し、意見の相違を避けるためには、両方のパートナーが、自分たちの快適さのレベルがどこまでなのか、そしてそこから抜け出すためにどこまでプッシュできるかを理解することが不可欠です。

　あなたが外向的で、あなたのパートナーが内向的である場合、パートナーはあなたほど多くのパーティーや野外活動に参加することを好きではないかもしれません。したがって、どちらのパートナーも屋内に留まりすぎて束縛されていると感じない、許容可能な妥協点を見つける必要があります。そして、絶え間ない社会的交流により、どちらも露出が多すぎると感じないことが、一緒に幸せを見つける鍵となります。

　子どもの好みに合わせるためには、子どもの気分を理解することから始めます。たとえば、子どもが外出したいときと、家で Netflix や本を読んでもっと時間を過ごしたいときなどです。また、連続して外出しないようにし、再び外出する前にエネルギーを充電できるようにしてください。あなたの態度をこうした小さな調整することで、あなたが相手の好みを大切にしていることを相手に示すことができ、同時に相手もあなたに合わせてコンフォートゾーンを超えて行動するよう促すことができます。

　研究によると、カップルが仲間関係に安心感を持てば、その関係が長続きする可能性が大幅に高まることがわかっています。逆に、快適なレベルに達すると、興奮や新たな体験が少なくなり、時間の経過とともに陳腐化する危険性があります。では、ロマンスを維持しながら、パートナーの両方の快適さのレベルに合わせてバランスを取るにはどうすればよいでしょうか？

　時々、お互いを驚かせてみてください。パートナーに事前に相談せずに新車を購入するような大きなことではなく、仕事から帰ってきたときに好物の食事を提供したり、最もセクシーなランジェリーを着てベッドに来たりするなど、小さくて意味のある行動に焦点を当ててください。あなたがどれだけ思慮深いかをあなたの愛に示すためにサプライズデートを計画してください。こうした小さな驚きは、彼らの快適ゾーンから大きく外れることなく、驚きの要素を追加します。

　あまりにも快適になりすぎたカップルは、自分が何も言わなくてもパートナーが読んでくれると期待して、簡単に会話禁止ゾーンに陥る可能性があります。しかし、現実はそうではないことが証明されることがよくあります。

　自分自身を理解することは、パターンや予測可能な行動に基づいて他の人にとって簡単に理解できるかもしれませんが、時にはあなたの期待に応えられないこともあります。このような状況が発生した場合、コミュニケーションと自分の感情を表明することが最も重要になります。感情が湧き上がったときに抑えないでください。代わりにオープンに表現してください！何かがあなたを深くまたは感情的に傷つけた場合、誰かが一緒に座ったり、手を握ったりする必要がある場合は、ただ知らせてください。心と心を通わせることは、最も近い人々とつながる最も効果的な方法です。

　パートナーが自分の感情を表現するのが苦手な場合は、相手の非言語的な手がかりを学び、感情を表現するよう無理強いしないでください。時間が経つにつれて、あなたが彼らを快適ゾーンに留まらせてくれたことに対する彼らの感謝の気持ちに気づくでしょう。

　あなたのパートナーのコンフォートゾーンは、あなたが彼らの本当の姿、つまり長所と欠点の両方を真に見ることができる空間です。このゾーンで彼らと一緒にいることを学ぶことで、彼らの個性をより簡単に発見し、それを簡単に解釈できるようになります。

　脆弱であること

　私たちはこの本を通して、脆弱性について広く話してきましたが、感情をさらけ出すことで、経験や愛に対して自分自身を開く強さを得ることができるということは繰り返し述べておきます。多くの人は、自分の弱さを見せることを恐れています。それは、自分が弱く見えると考えているからです。これはまったく真実ではありません。その理由は次のとおりです。

　本当の自分を最も近い人々と共有することで、あなたは本当の自分を見てもらい、本当の自分を見てもらう勇気を示し、最も重要な関係において帰属意識、愛、信頼性を生み出すことができます。

　傷つきやすい状態を勇気を持って前に進むことには、感情的に多くの利点があります。自分の気概を試し、困難なシナリオにどれだけ対処できるかを試すような、自分を脆弱にする状況に身を置くことで、途中の障害に対する回復力を強化しながら自信を築きます。

　友人、パートナー、親に弱さを見せることで、共感を育むことができます。そうすることで、あなたが他の人から隠しがちなあなたの弱い部分を彼らが目撃することができ、その部分を彼らにオープンにすることで、彼らが他の誰よりも重要であることを伝えることができます。

　共感は他者との関係を改善するだけでなく、自分自身とのつながりも強化します。自分の望ましくない側面や弱い側面を受け入れ、それらを自分の一部として受け入れることで、共感は自己受容を高め、全体的な健康に貢献します。

　以下に、自分が脆弱になるためのいくつかの提案を示します。＊拒否される可能性のあるチャンスを受け入れる姿勢を持ちましょう。会話の中で出てくる個人的な事柄や、人間関係で犯した過去の間違いなど、通常は他の人には話さない個人的な話題とともに、人間関係に何を望んでいるのか、具体的には自分の期待や境界線について正直に伝えましょう。

　＊恐怖、恥、悲しみの感情を呼び起こす出来事について話し合います。

　これまで、弱さを受け入れることが成長に役立ついくつかの方法を検討してきました。柔軟性を構築しながら変化への扉を開きます。

　多くの人にとって変化は、快適な領域を離れ、未知の領域に足を踏み入れることを伴うため、気が遠くなることがあります。したがって、このプロセスには多大な作業が必要です。最初のステップは、脆弱であることを学ぶことです。健康、見た目、家計に悪影響を及ぼしている、過食などの定義のつかない悪習慣を断ち切ろうとしていると想像してみてください。ただし、これを成功させるには、まず根本原因を特定する必要があります。そもそも何があなたを食へと駆り立てているのでしょうか？あなたは感情、ストレス、不安、あるいは退屈から逃れるために食事をしていますか？食べ物への依存を克服するには、自分自身を正直に見つめる必要があります。彼らの感情が変わらないのと同じように、自分の暗い習慣は一夜にして変わるものではないことを認識してください。

　変化には正直で偏向のない自己分析が必要です。そして脆弱性はすべてへの入り口です。

　脆弱性はあなたの心を新しい視点に開く可能性があります。多様な視点やアイデアを受け入れる鍵は、自分の経験が人生のすべてではないことを受け入れることにあります。一時的に信念や価値観を放棄して別の視点に立つのは難しい場合があります。しかし、脆弱性は、自分の欲望やニーズの外側に住んでいる人々がいることを認識し、そこに住んでいる人々と有意義なつながりを築くためにすべての視点を平等に受け入れるようになるので、自分を超えたものがあることに気づくのに役立ちます。

　古くからの格言があります。「自分が世に出したものは、何らかの形で自分に戻ってくる」ということです。それは人間関係やつながりに関しても同様に当てはまります。あなたがもたらしたものは、そのままあなたに反映されます。たとえば、愛、共感、寛容、忍耐は、強力で意味のあるつながりという形で利益をもたらしますが、その逆も同様です。

パート 4: 人々の心にアクセスする方法を学ぶ

　人々がどのように働くかが理解できたので、次はその知識をすべて活用するときです。このセクションでは、これまでに学んだことをすべて有効に活用します。最も慎重に守られた秘密であっても解読するのは難しい場合があります。ここでは、何が人々を遠ざけ、嘘を素早く見抜き、人々が自分自身に対して築きがちな障壁を打ち破るのかを探っていきます。

　読書をする人は、気づかずに見過ごしてしまいがちな細かい点や観察に注意を払うことが大切です。経験豊富な人物読者として、鼻を動かしたり、爪をピクピクさせたりするような小さな違いさえも見逃すことはできません。したがって、このセクションでは、正確な評価を行うのに役立つこれらの微細な詳細を特定する方法を説明することを目的としています。

第 19 章: ベースライン動作の検討と相違点の認識

　誰かが嘘をついているときの様子を観察したことがありますか?残念ながら、嘘の兆候は人それぞれ異なるため、唯一の答えはありません。ボディランゲージ、顔の表情、言葉の選択、習慣によって、誰かが嘘をついているかどうかがわかる場合があります。このような言語的および非言語的な手がかりは、嘘と真実を識別するのに役立ちます。ただし、ベースラインという用語自体を認識していないかもしれません。

　人々のベースラインを設定すると、個人の真実性を評価できるようになります。彼らの行動が性格から外れているのか、それとも単に正常な行動を示しているのかを比較および判断するための客観的な尺度を提供することによって。

　では、どのようにしてベースラインの行動を特定できるのでしょうか?ここでは、それを行うのに役立つ 3 つの簡単なステップをご紹介します。

　ステップ 1: ハンドシェイクから始めます。

　よく言われるように、第一印象は長く残り、誰かについて最初に衝撃的な発言をするチャンスは一度だけです。また、ほとんどの人は最初の会議中に最も前向きになるため、これは人の行動を評価する理想的な瞬間であると考えてください。

　営業担当者や面接官はこのスキルの使い方に熟達しており、多くの場合、たった 1 回の握手で顧客や採用候補者に好ましい第一印象を与えることができます。彼らの秘密は?新人と握手して挨拶するときは、視線、声質、姿勢に細心の注意を払います。

　社交的な状況であっても、職業上の状況であっても、人々の社交的な合図を監視し、心のメモを取ることで、より迅速に評価できるようになります。これは時々煩わしいと感じるかもしれませんが、いずれにしても、これらすべてのデータは無意識のうちに私たちの頭に入ってくることを知ってください。その存在を意識的に思い出す努力をすることで、行動の面ですぐにつながりを作ることができます。

　誰かと握手するときは、相手が自然な雰囲気の中でどのように世間話をしたり、ジョークを言ったり、個人的な質問に答えたりするかに注意してください。この情報は、ベースラインを確立するのに役立ちます。

　ステップ 2: 質問を投げかけてさまざまな反応を刺激します。

　正確なベースラインを作成するための鍵は、さまざまな状況における個人の通常の反応を収集することです。幸せなとき、悲しいとき、退屈なときにどのように反応するかは単なる例です。ただし、葬儀などの日常的な環境では難しいかもしれません。ただし、反応を評価するために特定の質問をすることもあります。より詳細な洞察を提供できる可能性があります。

　デビッドやジェーンは、あなたが「ノー」と言ったときに不快感を示しますか?ケビンはテイラーと話すときに眉を上げますか?

　脅威ではない状況でのあなたの反応は、より危険な状況でその人がどのように反応するかの基礎となります。

　目の動きは、通常の行動からの逸脱の指標として使用できます。世界中の研究者によると、不正行為に携わる人々は通常、話すときにアイコンタクトを維持しますが、そのパターンは通常の状況とは異なります。または、最初は一定のアイコンタクトを示しますが、きっかけとなる質問やストレス要因によって突然変化した後、切り替わります。同様に、通常よりも遅いまたは速い点滅も、何か不審なことが起こっていることを示している可能性があります。

　ベースラインを実施する際に注意すべきその他の側面には、座った姿勢と立った姿勢、声の速度と声の調子、笑い方、緊張したチック、手のジェスチャー、興奮と驚きの表現などがあります。多くの人が気づいていないのは、人の顔は、ほんの数ミリ秒の間だけ起こる笑顔や眉毛の上げ下げなどの微表情で本当の感情を表していることがよくありますが、意識によって部分的に制御できるボディランゲージとは異なり、その人の本当の気持ちを正確に明らかにします。それの。

　専門家は、フェイシャル・テルル中に示される感情が必ずしも罪悪感を示すわけではないことに同意しています。時々、彼らは単に自分の考えていることを表現したくないだけです。誰かがこのような症状を示している場合は、なぜそのように感じているのか具体的な質問をしてさらに詳しく調べてください。

　ステップ 3: 基本的な行動を精神的に記録します。

　このパズルを解く最後の鍵は、観察したものをすべて頭の中で思い出すことにあります。必要に応じて、配偶者、職業、出身地の住所などの追加情報とともに、特に記憶力が弱い場合は、相手の行動をファイルに保管してください。この追加の詳細を提供すると、他の詳細をより簡単に思い出しながら、点をより迅速に結び付けるのに役立ちます。すべてを書き留めるのではなく、脳に思い出させてください。

第 20 章: 適切な質問を作成する

パーティーに参加したことがありますか。そのとき、職場での魅力的な話を大勢の人々に話しているときに、返ってきたのは「そうそう、すごいですね。エビが出てくるのですか?」という反応だけだったという経験はありませんか。そして、物事がどうなったかについて満足することなく、すぐに話をまとめてまとめたので、あなたのエネルギーはすぐに消えましたか?

何が起こったかというと、誰かが半分しか聞いていなくて、あなたの会話と気分の両方を台無しにする無関係な質問をしたということです。会話をスムーズに進めるには、注意を払い、関連する質問を投げかけます。これにより、相手はより自由に話すことができ、最終的にはあなたも相手についてより深い洞察を得ることができ、相手の文章をよりよく読むことができます。まさにドミノ効果ですね！

招待はコミュニケーションの基本的なツールの 1 つです。出席者に、今度は自分が話す番であることを通知し、検討できるトピックについての提案を提供します。

例:「最後に読んだ本はどうでしたか?」と尋ねる。質問で取り上げた特定のトピックに関する会話への招待状が開きます。

これらの招待状は、会話が脱線した場合に重要なセーフティネットとして機能します。会話のトピックを考えるのに苦労している場合は、特に以前に話し合った内容に関連する場合は、その中に招待状を入れてみてください。それ以外の場合は、新しいトピックを開始することにまったく害はありません。

招待状は、質問または声明の形式を取ることができます。質問ベースの招待状を使用する場合は、最大限の応答を得るために、常にオープンマインドで親しみやすい言葉を保つようにしてください。

これらの自由形式の質問により、目の前にいる人は短い返答をする代わりに詳しく説明することができます。たとえば、「良い旅行はできましたか？」と尋ねます。おそらく、「はい」または「いいえ」のいずれかの答えが得られます。対照的に、「旅行はどうでしたか？」と尋ねると、あなたが相手を気にかけていることを示し、旅行の詳細をあなたと共有するよう促す、より詳細な返信を受け取る場合があります。

他人を知ることに興味を持つことで、自分自身のことを示すことができます。これにより、あなたとその人の間に力強い絆が生まれ、彼らがさらに心を開くことができるようになります。

洞察力に富んだ質問をするのと同じように、相手に洞察力に富んだ質問をすることは、あなたの興味を示します。「伝えるのではなく見せる」という古典的なルールに従って、鋭い質問をすることで、あなたが気にかけていることを人々に示します。ただし、おせっかいになることには注意してください。

次に、洞察力に富んだ適切な質問をするというタスクが続きます。

　後者の場合、相手ですらあなたがなぜ興味を持っているのか理解できないため、相手の本当の姿を深く知ることはできません。あなたが自分たちよりも天気のことを気にしていると思われるかもしれません。同様に、「あなたの最も深い暗い願望は何ですか?」などの親密な質問をすると、相手を不快にさせ、できるだけ早くあなたから逃げたくなる可能性があります。

　小さく直感的に始めてください。質問が進むにつれて、相手の快適さのレベルを考慮しながら、徐々により親密な質問をしてください。あなたの質問に相手が煩わしさを感じたり、不快感を示したりした場合は、やめてください。代わりに、より深く調査を続けるための許可が与えられるまで、あまり押し付けがましくない質問に戻してください。

　ただし、人の性格を深く掘り下げる前に、2つの重要な考慮事項を心に留めておく必要があります。

　何よりもまず、関係を形式的な関係から親密な関係に移行させることは、一夜にして起こるものではありません。むしろ、それは時間をかけていくつかの会話を必要とする段階的なプロセスです。最初は、家族や趣味などの表面的な話題を中心に会話が進むかもしれません。時間が経つにつれて、過去の人間関係や幼少期のトラウマなどの個人的な話にまで広がる可能性があります。

　すべての会話が信頼関係を築き、その人についてより深い洞察を得るチャンスであることを思い出してください。時間が経つにつれて、彼らは自分自身についての個人的な詳細を共有することにもっと抵抗を感じるようになるでしょう。

　第二に、信頼を確立します。誰かに自分の人生の親密な詳細を明かしてほしいと頼む場合は、お返しに同じことをする準備をしてください。自分自身についての詳細を共有することで、二人の間に信頼の道が開かれ、どんな関係においても信頼を築くことができます。

　招待状の質問は対話を開始するのに最適ですが、それだけでは機能しません。したがって、フォローアップクエリを使用して対話を広げます。

　簡単に言えば、「それについてどう感じていますか?」のような質問をすることです。または「なぜそんなことを言ったのですか?」自分のストーリーやメッセージに対して純粋な好奇心を示し、自分の考えが誰かに評価されているという確証を与えます。これにより、あまりにも不快で退屈に思えてしまう会話中に、熱心に耳を傾けることで価値を示す機会も得られます。

　次回、誰かが曖昧な言葉で話したときは、ただうなずいてすぐに話を進めるのではなく、「それはどういう意味ですか?」と尋ねてください。会話を拡張し、より有意義なものにするための追加のアイデアをいくつか紹介します。
　* あなたの姉妹/兄弟/配偶者は最近何をしていますか? * 一日はどうでしたか? そして最も興奮したことは何ですか? * なぜそのような思慮深い発言をしたのですか? * さらに詳しく説明して、さらに理解するのを手伝ってもらえますか?
　* この問題についてあなたの考えが変わり、最終的には彼らの考えも変わると思いますか?

　各質問に答える前に、相手の応答を中断することなく、応答するための時間とスペースを与えてください。相手をよりよく知るには、聞くことが重要です。

　アインシュタインが「すべてを疑え」とアドバイスしたことは有名です。対話する相手に洞察力に富んだ質問をすることは、効率的な対話を生み出し、信頼関係を築き、有意義な絆を形成するのに役立ちます。

第 21 章: 嘘発見をマスターするための早道

「もうたくさんだ。奴らはいつも嘘をつくんだ！」と何度思ったことか。人間関係がうまくいかなかった後でも、昇進の約束が裏切られた後でも、嘘をつくことは常に失望させられ、自分の判断力に疑問を抱き、かつて信頼していた人々への信頼がますます薄れてしまう可能性があります。抜け道があるとしたらどうしますか？この章では、あなた自身が人間の嘘発見器になるためのツールを提供します。これにより、疑わしい兆候をすぐに認識し、信頼できる人だけを信頼できるようになります。

実を言うと、ほとんどの人は時々嘘をつきます。場合によっては、それは「いいえ、そのドレスでは太って見えません！」のような小さな嘘かもしれません。しかし、「母が病気だったので今日は遅刻しました」のように明らかな嘘や、「浮気はしていない。また仕事で徹夜をしてしまった」のように完全に欺瞞的な場合もあります。

しかし、ほとんどの人は嘘を見分けるのが苦手で、騙されてしまいます。この分野を調査するために行われた研究では、参加者の 54% のみが虚偽を正しく検出できたことが示されました [16]。

嘘をつく人と真実を語る人の行動の違いを評価するのは難しい場合があります。なぜなら、どちらのグループかを識別できる明確な兆候がないからです。ただし、微妙な指標が一方を他方から区別するのに役立つ場合があります。別の章で前述したように、ベースラインの行動からの変化も嘘の指標となります。

ただし、嘘を見破るには自分の直感を信頼することに大きく依存していることを認識することが重要です。どのような兆候に注意すべきかを知り、知識と本能を使ってそれを解釈する方法を学ぶことで、嘘を見破るのがずっと簡単になります。

複数の業界の心理学者や研究者は、法執行機関が詐欺師や嘘つきをより迅速かつ正確に発見できるようにするために、欺瞞とボディーランゲージに関する広範な研究を実施してきました。この調査の結果は、何らかの欺瞞を示す可能性のあるいくつかの危険信号を浮き彫りにしました。

* 最小限の詳細を自発的に提供することで、意図的に曖昧にしています。いかなる出来事や事件についても詳細を提供できない

特定の質問に答えるときに文章や質問を繰り返す。文の断片で話す。

*指を唇に押し当てたり、髪の毛を操作したりするなどの身だしなみ行動を示す

他のことと同じように、嘘発見も練習すれば完璧になります。研究結果を読んで教えを学ぶだけでは、限界までしか到達できません。嘘を見破りを真にマスターするには、細心の注意を払い、100% 認識する必要があります。

そのため、ここでは、詐欺師を見分ける際に注意すべき指標や兆候に焦点を当てます。

何よりもまず、どのような信号に注意すべきかを認識してください。人々は嘘を見破るために有効な手がかりに依存していますが、嘘の指標としての信頼性には限界がある可能性があります。人々が観察する一般的な欺瞞の手がかりには、次のようなものがあります。

　＊無関心を示す: 誰かが表情を抑制し何も言わないことで感情的に中立でいようとするとき、あまり多くの情報を漏らさない方法として、表情の欠如を示したり、無表情な姿勢を取ったり、肩をすくめたりすることがあります。

　＊音声の支離滅裂: 話者が自分に自信が持てず、話しているときにブツブツしたり、どもったりし始めた場合、これは彼らの脳が嘘を隠すのに十分な速さで思考できないことが原因である可能性があります。

　＊考えすぎ: 誰かが真実を歪曲しようとしているように見える場合、多くの場合、考えすぎの結果になる可能性があります。どのような兆候に注意すべきかについての適切な知識があり、あらゆる状況において効果的に判断を下す能力があれば、理解ははるかに簡単になります。

　第二に、ボディーランゲージだけに頼らないでください。ほとんどの嘘見破りの本やブログは、詐欺師を捕まえるためにボディーランゲージ(誰が不誠実であるかを明らかにする行動や身体的兆候の微妙な変化)だけに焦点を当てることを推奨しています。しかし、研究によると、ボディランゲージの合図は嘘を見抜くのに役立つかもしれないが、必ずしも欺瞞の信頼できる指標であるとは限らない。

　研究心理学者のハワード・アーリックマンは、目の動きの変化が必ずしも嘘を示しているわけではないことを発見しました。これらは単に長期記憶から情報を検索したり、難しく考えすぎたりすることによって引き起こされる可能性があります。[17]

　これらの研究やその他の研究から、ボディーランゲージは、多くの場合正確ではあるものの、常に嘘を示す最良の指標であるとは限らないという結論に達します。誰かとその行動パターンを知ることは、基本的な行動パターンから嘘を区別する際に有利になります。

　第三に、彼らに自分たちのストーリーを逆向きに語ってもらいます。この演習の背後にある理論は、認知負荷が増加すると、真実と嘘を区別する非言語的および言語的手がかりがより顕著になるというものです。これは、嘘をつくことは、真実を言うことに比べて疲れるプロセスであるためです。それが、人々が「真実を語れば、あなたはあなたを信頼できる」と言う理由です詳細をすべて覚えておく必要はありません。」

　意図的な嘘は、認知的により困難な行為です。彼らは、自分の嘘を暴く可能性のある話を隠そうとし、自分自身の行動と聞き手の行動の両方を監視するために、多大な精神的リソースを必要とします。彼らの話の信頼性を確立し、他の人を納得させるには努力が必要ですが、それを逆向きに話したいという要求と組み合わせると、彼らの話や行動の矛盾に亀裂があることに気づき始めるかもしれません。研究により、この理論が実証されました。ストーリーの詳細が薄いように見える場合、または完全に作り話である場合は、最初にどのような詳細が繰り返されたかを思い出してください。そうすることで嘘と真実を区別できるようになります。

　前述したように、自分の直感を信じてください。前述したように、自分の直感に従うことが、嘘を見破る最大の武器になる可能性があります。多くの研究が、欺瞞を見破るには、意識的な戦略よりも潜在意識の内部指標の方が効果的であることを証明しています。人間は直感的かつ無意識的なデータを持っており、注意を払えば欺瞞を認識するのに役立ちます。

　直感は非常に信頼できるものですが、人々はそれを正確に使用するためのスキルや能力に欠けていることが多く、依然として欺瞞的な思考に弱いままです。しかし、残念ながら、意識的な思考や反応が自動的な連想を妨げる可能性があります。直感を信頼する代わりに、意識的な思考がパターンや固定的な行動を分析し始め、最終的には完全に信頼しないように自分に言い聞かせます。自分自身を十分に理解していれば、本能的な反応を認識できると同時に、自己不信への道を導き、時折それがうまくいくかどうか疑問に思うような行動を強調しすぎることがなくなります。

　最後に、信頼度の変化を観察します。注意していれば、潜在的な詐欺師は、立ち向かうとスタイルが変わることがわかります。ほとんどの嘘つきは、自分がコントロールできると感じる、自分の限られた嘘のゾーン内で安全を感じます。しかし、何かに挑戦すると、コントロールを失い、信頼レベルが大幅に低下する可能性があると彼らは言います。

　彼らがプレッシャーを感じ始めると、彼らが自分の話を変えたり、特定の出来事について一貫性のない答えをしたり、答えがより不安定になったり、それを説明する方法を変えたりすることに気づくかもしれません。このように行動の変化を観察することで、彼らの話のギャップを見つけ、彼らの本当の意図を特定できるかもしれません。

　目の前の人が真実を語っているのか、それとも作り話をしているのかを判断するのは難しいかもしれないことに注意してください。おそらく彼らは情報を隠すのが得意であるか、あるいはあなたが信頼しているために何か問題を見つけるのが難しいのかもしれません。しかし、上で概説した兆候や兆候は、誰かがあなたに何かを隠していることを示す可能性があります。

　次回、誰かの正直さを評価する必要があるときは、嘘に関連する微妙な手がかりに細心の注意を払ってください。必要に応じて、彼らが自分たちの話をするのが合理的に負担になるようにして、圧力を高めます。これらの習慣を実践し、これらのヒントを心に留めておけば、あなたに対して不誠実な人たちをあなたの人生からすぐに減らすことができるでしょう。

　誰かが不作為に嘘をついているかどうかをどうやって見分けることができますか?誰かが不作為に嘘をついているかどうかをどのように判断できますか?誰かが明確に嘘をついていなくて、代わりに真実の一部だけを提示した場合、これは嘘をついているとみなされるのでしょうか、それとも単にコミュニケーションをとっただけなのでしょうか?不作為による嘘は、起こったことをすべて話すことを避けるために使用される賢い戦術です。記録の目的では、受け手が正確に理解するのを妨げるため、嘘をついているとみなされるべきです。たとえば、子供がアイスクリームを冷凍庫に入れて、後で出てきて自分で全部食べると言うかもしれません。記録のために、これは情報の受信者があらゆる側面を見ることを妨げるため、嘘として分類されるべきです。たとえば、子供はアイスクリームを冷凍庫に入れたと言うが、後で取り出して後で食べるなどのすべての事実を完全に伝えるのではなく、後で出てきた場所から取り出したとは言わないかもしれません。可能な限りあなたから尋ねられます。

　ただし、質問が「アイスクリームはどこに行った?」という場合、回答では十分な詳細が得られませんでした。彼らの話がどれほど正確であったとしても。

　省略による嘘の問題点は、それを使用する人のほとんどがそれを嘘であるとは考えていないため、あまり消極的であったり、誰かが嘘を言う典型的な兆候を示さないことです。誰かが嘘をつく理由を完全に理解するには、その動機を知る必要があります。人々は恥、罪悪感、または恐怖のために重要な情報を差し控えることがありますが、完全な嘘をつくことには消極的であるため、誰かが会話の中で重要な詳細を省略した場合、捜査官は真実にたどり着くのが容易になる可能性があります。

　重要な話題について話し合っているときに、誰かが不快そうに見える兆候を探します。曖昧に聞こえたり、休憩が多すぎたり、アイコンタクトを避けたりしていませんか?明確にするために具体的な質問をすることで、特定の詳細を共有するかどうかについて人々に意識的な決定をさせることができ、「私は嘘をついていません」という言葉に隠れることができなくなり、誰かが自由に嘘をつく場合よりも真実全体を容易に知ることができます。ためらうことなく。たとえ嘘をついたとしても、平気で嘘を繰り返す人に比べれば、その兆候は察知されやすいでしょう。

第22章: 薄くスライスする技術を正確にマスターする

　あなたは、すぐに不安に感じる人に出会ったことがありますが、なぜその人が不快に感じたのか特定できなかったことがありますか?彼らのあなたに対する見方に何か問題があるように思えましたが、正確には何が間違っているのかを特定できませんでしたか?彼らがあなたを不快にさせたのに、なぜ彼らがそう見えるのか理由が分からなかったことはありませんか?これに見覚えがあると思われる場合は、第 22 章で解決策が提供されているかもしれません: 薄スライス時の精度の取得。

　「何かがうまくいきませんでした。」なぜその特定の歯科医を歯科治療に選ばなかったのか、あるいはなぜ素晴らしい仕事のオファーを断ったのかを配偶者に説明しようとしても無駄であることに気づくでしょう。

　私たちは毎日さまざまな人たちと接触します。私たちがほとんど知らないものもあれば、永続的な印象を残すものもあります。公園で少し会った人のことを、温かく親切な人だったことを思い出すかもしれませんが、別の見知らぬ人は無礼で奇妙な人として目立つかもしれません。

　私たちの最初の判断はすべて不当であり、私たち自身の偏見によるものなのでしょうか？そうでないかもしれない！おそらく第一印象が重要なのは、私たちの意識がまだ理解できないその人についての何かを明らかにするからです。人々について素早く正確な推測を行うこの能力は、シン スライスとして知られています。

　人の性格に関する第一印象や判断は、偶然だけで起こるものではありません。実際には、私たちが認識しているよりもはるかに速く情報を処理する私たちの潜在意識によって作られます。なぜ私たちの中には他の人よりも優れた判断ができる人がいるのでしょう？

　正確な判断を下す人とそうでない人の違いは、自分の「直感」への信頼です。彼らは自分の直感に耳を傾け、意識的な努力を通じてこれらのスキルを開発します。

　薄切りは、小さな情報に基づいて情報に基づいた判断を下す能力として科学的に定義できます。[18] 私たちの潜在意識は、まぶたのまばたき、硬い姿勢、笑顔やジェスチャーなど、その人についてのより微妙な特徴を観察します。私たちの意識が気付かないうちに私たちの前をすり抜けていきます。

　それはすごいことだと思いませんか？発言や微細な特徴だけを基にして、誰かについて正確に推測することは、非常に正確である可能性があります。

　では、なぜ私たちはこれまで人の心を読むことに熟練してこなかったのでしょうか?その主な原因は、これらの判断を明確に表現できないことです。十分な詳細情報が手元にないということは、この非言語的解読が私たちが気付かないうちに行われていることを意味し、そのため、第一印象は現実を反映していないにもかかわらず、答えを持っているかもしれないという潜在意識からの信号として機能するにもかかわらず、非常に重要になります。

　人間として、私たちは限界内で自分だけを信頼するようにできています。ネガティブな偏見は、私たちが自分自身をあまりにも強く信頼することを妨げます。あなたはこう思っているかもしれません。『これはすべて素晴らしいことですね。でも、もっと自分の直感を信じていたら、この本は買わなかったでしょう！」

　あなたのジレンマは理解しています。自分の直感を信じすぎたせいで、私はギャンブルで負ける道を歩むことがよくありました。そして、私は潜在意識に判断を委ねることを推奨しませんが、私たちの脳は私たちが信じているよりもはるかに賢いのです。私たちの脳は毎秒 1,100 万ビットの情報を処理できることをご存知ですか？しかし、私たちの意識は 40 〜 50 ビットしか処理できないようです。[19] これは、私たちの脳が実際に処理できることと、脳が処理できると私たちが認識していることの間には大きなギャップがあります。私たちが処理しているのはわずか 50 ビットだけかもしれませんが、私たちの潜在意識の脳は、意識が提供するものよりもはるかに正確な意見をすでに観察し、推測し、形成しています。

　比較的に言えば、私たちの潜在意識は情報処理において優れた仕事をしてきました。残念ながら、私たちはその努力を十分に認識していません。私たちが判断を下す際に自分の潜在意識をもっと信頼した場合を想像してみてください。人々の脳にアクセスするのに他のスキルは必要ありません。

　薄切りの技術を発見するには、私たちが潜在意識の思考を認識し、直感を正しく解釈する必要があります。気づかれずに通り過ぎてしまう可能性のある小さな判断を葬り去らないでください。誰かにレッテルを貼るときは、その理由を自問し、もっとよく考えてください。脚から脚へと体重が移動したからでしょうか、それとも声を出す直前に唇を嚙んだからでしょうか。

　私たちの潜在意識は非常に強力ですが、意識的な偏見と衝突し、残念な決定につながる可能性もあります。したがって、誰もが意思決定をするときに自分の直感だけに頼っているわけではありません。潜在的な力は私たち全員の中にあり、それを解き放ち、適切に活用する必要があるだけです。

　薄切りには、最小限の情報でその人についてさらに詳しく知ることが含まれます。彼らのマナー、ボディランゲージ、筆跡、服装はすべて、注意して観察し、潜在意識を認識していれば、彼らについて多くのことを明らかにします。マルコム・グラッドウェルのベストセラー本「ブリンク」によると、薄切りには人の「適応潜在意識」を利用することが含まれます。意識的な心は、意識的な観察のみに基づいて人や出来事について結論を導き出すときに証拠に基づいた評価を使用しますが、適応的無意識は、せいぜい非常に小さな証拠の塊をソースとして評価を使用します。

　情報を薄くスライスするこの技術を練習して完成させるとき、私たちの成功は、経験を積んで練習し学習できるかどうかにかかっています。自分の潜在意識を活用し、評価ではなく情報をフィルタリングすることで、他者をよりよく理解し、彼らの行動を予測できるようになります。

　アメリカの著名な心理学者であるジョン・ゴットマンは、「ラブ・ラボ」として知られるようになるものを開発するために、3,000組以上のカップルを対象とした詳細な調査研究を実施しました。この情報収集と細分化の方法を通じて、ゴットマン氏は、関連するデータを薄くスライスすることによって、つまりデータをすべて集めるだけでなく、その関連性も理解することで、結婚の将来を予測できると結論付けました。この理論は、単に事実を収集するのではなく、どの情報が最も適切であるかを判断することに焦点を当てていました。

　そしてそれはまさにあなたもすべきことなのです。あなたの潜在意識は何百万ビットのデータを受け取ることになりますが、あなたの意識は今、どの情報が重要であるか、または無関係であるかを判断する必要があります。この本の他の部分で提供される知識の価値はここにあります。そのツールを使用して、どの行動、言葉、指標に焦点を当てる必要があるのか、そしてどの行動、言葉、指標が人々をより深く理解するのに適切ではないのかを識別します。

　ゴットマン氏の理論は、それ自体にあまり注目せず、些細に見える一瞬の表情や会話に焦点を当てることを示唆しています。すぐに結果は得られませんが、パターンを認識するには練習が必要です。嘘をつく人、感情をよく守る人、外向的な行動の背後に隠す人を特定する必要があります。そのため、時間が経つにつれて、意識と潜在意識がシームレスに連携し、計算された行動が可能になります。人の心の中にあるものについての評価。[23]

第23章: 行間を読む

　私たちは皆、時々、誰かが「私は気にしない」、「なぜそれが重要だと思うのですか」、または「私は大丈夫です」などのフレーズを使用するとき、その意味を解読しようとしていることに気づきます。これらは、人間関係に永続的なダメージを与える前に、すぐにその真の意図を理解する必要がある、時を刻む爆弾のように感じるかもしれません。あなたは、何年も前にテレパシーのワークショップに参加していればよかったと思っていることに気づきます。

　特に言葉を使って自分の考えを直接伝えない場合、解釈は難しいことがよくあります。言葉は全体像の一部にすぎません。船を救うためには、海の底に行ってモンスターが潜む場所を見つけなければなりません。これが行間を読むことのすべてです。

　行間を読むことは、たとえ最も近い関係であっても救うことができる技術です。理解する必要があるため、説明の余地はほとんどなく、有意義で生産的な対話のための理想的な環境を作り出すことができます。意味は言葉だけを超えたところにあることがよくあります。そのため、句点、コンマ、感嘆符が意味を伝える上で非常に重要な役割を果たします。

　人々が本当の感情を明らかにするために発するサインは、無邪気なジェスチャーとして誤解されることがよくあります。しかし、これらの兆候は、人々の発言に根本的な意味があることを示すものとして常に真剣に受け止められるべきです。たとえば、「いつも一緒にいたい」などの言葉は愛の宣言のように見えますが、不確実な関係における他の危険信号と組み合わせると、虐待や操作を示す可能性があります。

　それぞれの考えや個性を持った 80 億人以上の人々が住む環境では予想できるように、さまざまな文脈でさまざまな人々が話した 1 つの文が同じ意味になるとは限りません。相手が何を伝えようとしているのかを理解するには、もっと熱心に耳を傾けなければなりません。著名な不動産投資家でありコーチでもあるゲイリー・ウォン氏によると、人間には耳が 2 つありますが、口は 1 つしかないため、話すことよりも聞くことが優先されるべきです[23]。相手の言語を話すときの意図を深く理解しながら、相手の話に対してオープンな心を持ちましょう。

　行間を読むための効果的な戦略の 1 つは、発言する前に少し待つことです。返信を急ぐと、実際に何が言われたのかを理解する時間を逃してしまう可能性があります。そして、あなたの相手も同じことをした場合、相手のメッセージは誤解や不十分なコミュニケーションの中で簡単に失われる可能性があります。

　誰かが「わかりません」または「よくわかりません」などのフレーズを使用した場合、何かが理解できないと言ってすぐに説明を急いではいけません。代わりに、スペースを与え、利益を得るために他の指標を評価してください。彼らのメッセージの全体像。

　行間を読むには、物語を読むときに注意深く耳を傾け、文脈、性格、状況を考慮する必要があります。作者は多くの場合、登場人物が表現しようとしていることを直接伝えるのではなく、その代わりに、彼らに何が起こっているのかについての状況や手がかりを提供します。読者は、登場人物が提供しているこの指標を容易に認識できます。

以下は物語からの抜粋です。

1時間以内に5回目に時計を見たとき、彼女の手のひらは汗をかいていて、彼が8時頃に到着することを知っていました。秒が刻々と8時に近づいていくにつれて、彼女は膝が弱くなり、彼の到着を期待して拳が固くなったのを感じました。。

「ハニー」と部屋の向こうから夫が尋ねた。彼女は簡単に答えた。「大丈夫です、ただ寒いだけです」と彼とは目を合わせることもなくただ言われただけだった。ドアベルが鳴ると、彼女はソファに深くしゃがみ、胸をしっかりと膝に抱き寄せて、夫とそのボーイフレンドとの気まずい会談を待っていた。

著者は彼らの性格が不安であると述べましたが、それを彼女のボディランゲージと文章から推測しましたか?彼女が「長くて寒い夜になるだろう」と言ったとき、それがただ天気のことを話しているだけではないことがわかりましたか?おそらく、作者がテキストの各段落で登場人物がどのように反応するかに直接ユーザーの注意を向けているため、自然にそうなったのでしょう。

ただし、現実の人々と対話すると、たとえ何かがおかしいように見えても、何が起こっているのかを正確に特定するのは難しいことがよくあります。あなたの本能を信頼;一見出典が不明瞭であっても。言われたことをもう一度思い出すためのメモを心にとっておいてください。たとえば、兄弟や親しい友人の一人が、「私が遅れるとサムが心配するよ」と、6時までに帰宅することを何気なく言った場合です。

どんなに何気ない会話であっても、どこか違和感を感じてしまいます。おそらくそれは、彼女が常に時間を確認する方法か、彼女の急いでいる口調だったのかもしれません。あるいは、文脈や口調を考慮せずに単に言葉を選んだだけかもしれません。

「家に帰らなければならない」という言葉は、懸念の表現というよりは最後通告のように聞こえます。これは、彼女がパートナーと不健全な関係にあることを示している可能性があります。おそらく、どちらも、愛とケアの名のもとに精神的虐待を受けていることに気づいていないのでしょう。相手が何を伝えようとしたのかを察知できると、直接伝えられた内容を超えて見ることができます。

より多くの理解を得るために、言われなかったこと、つまり沈黙や休止に焦点を当てます。沈黙は多くを語るかもしれない。たとえば、子供が学校での一日について尋ねられたときに突然沈黙したとします。同様に、話さないと決めた言葉は、コミュニケーションの他の側面で注意を払う価値のある問題を示している可能性があります。より深い洞察を得たい相手と関わるときにも、これと同じ戦略を適用できます。

どのような質問やトピックについて話し合うことを避けているのか。話す間の休止時間が長すぎるとき。特定の人物や出来事について話すとき、口調が変わりますか。これらの観察は、彼らを個人としてよりよく理解するだけでなく、話された言葉をより深く理解するのにも役立ちます。

　子どもたちに学校について話すときと同じように、情報をなかなか共有しない人や、あいまいな語彙を使うことを好む人たちとコミュニケーションをとるときも同様です。最大限の効果と効率を得るために、質問と回答は慎重に構成する必要があります。

　これはすべてコンテキスト内で行うようにしてください。誰かを観察するときは、常に状況、環境、状況に注意してください。周囲の気が散って誰かがよそよそしく聞こえる場合は注意してください。あるいは、特定の出来事についての会話中に沈黙することもあります。それは何かを隠したいからではなく、議論されている内容に無関心になったり、気が散ったりするためです。

　他の人を理解するには時間、一貫性、理解を必要とするのと同じように、行間の言葉を理解するのも同様です。一つ一つの言葉を分析し、瞬間ごとに沈黙することは、事態をさらに混乱させるだけです。必要なのは、その場にいて注意して聞いて、考えられる解釈について結論を出す前に、聞いたことすべてを頭の中で検討することだけです。

第 24 章: 音声パターンの分析

TedTalk の聴衆は、TedTalk で発表される素晴らしいアイデアをただ目撃するだけではありません。成功するモチベーターや影響力を持つ人は、必ずしも優れた思想を持つ人であるとは限りません。彼らは、口調やピッチの練習、スピーチのカテゴリー構造、あるいは最大限の効果を得るためにメディア報道を利用することなどを通じて、効果的にプレゼンテーションを行う方法を理解している人たちです。人前で話すには、何を言う必要があるかを単に考えるのではなく、物事の言い方をマスターする必要があります。講演者は聴衆を説得するための説得術を学びます。

講演者は、多くの場合、スピーチ パターンを使用して、最大限の効果を得るために内容を構成します。これらのパターンの選択は、トピック、聴衆、スピーチの主な目的によって異なります。つまり、会話が目的であれば、会話はその真の目的を果たす必要があります。新しい人と話すときは、相手からの反応を監視する際に集中力を維持できるように、自分の目標が明確であることを確認してください。読書する人は、他人に関する無関係な詳細を収集する必要はありません。

スピードアップ
ミシガン大学社会調査研究所が実施した調査では、発信者が調査に参加するよう人々を説得しようとする1,400回の試みを調査し、説得の試みごとに発信者1人につき1回の通話を行った。[24] 結果は、立ち止まらずに早口で話す人は他人を説得するのに失敗することを示した。研究者らは、他人を説得しようとするときの発信者の流暢さ、話す速度、ピッチを調査しました。成功した説得者には、1 秒あたり約 3.5 ワードで話す人が含まれていました。これは、他人を説得するときに適度に速い速度です。[26]

適切な一時停止をしましょう
誰かに影響を与えようとするときに最大の影響力を得るには、1 分間に 4 〜 5 回の一時停止が理想的です。これらの一時停止により、相手は応答する前にあなたのメッセージを検討し、相手の考えや信念に対する敬意を示すことができると同時に、時間の経過とともにあなたの発見に対する意見が発展することを恐れることなく、あなたと相手との間の信頼が高まります。

韻律 (音声の強弱、イントネーション、リズム) は効果的な音声伝達に不可欠な要素ですが、韻律が多すぎると裏目に出てひどい結果になる可能性があります。私たちが言うことは、その伝え方に応じて異なって受け取られる可能性があります。そのため、口調とリズムを適切に使用することで、言うことが意図したとおりに確実に伝わるようになります。あまりにも多すぎると、信頼できない聴衆が放っておかれる可能性があります。文章を作成するときは、生き生きとした印象にならないように注意してください。

成功のためにスピーチパターンを使用する

　人前で話すときの目標に応じて採用できるさまざまなスピーチ パターンがあり、さまざまな選択肢がメッセージの伝わり方に影響を与えます。以下に、スピーチを作成する際の一般的な講演者のスピーチ パターンをいくつか示します。

　トピック別または論理的アプローチ: 関連する複数のアイデアを伝える場合、説得力のある議論を提供せずにトピック間を飛び回っているように見えずに、情報が論理的にトピックからトピックへと流れるように情報を整理することが、多くの場合最良のアプローチです。

　時系列: 時系列の情報整理は、ストーリーを語る場合など、データが秩序ある進行に従う必要がある場合に最適です。たとえば、プロジェクトの結果について話したい場合、イベントを時系列に構造化してより明確にすることで、より大きなメリットが得られます。

　原因と結果: その名前が示すように、この情報は因果関係を使用して表示されます。たとえば、職場の問題について話し合うときは、その原因を説明することから始めて、それが生産性にどのような影響を与えるかを説明することで、結果として機能する可能性があります。

　問題と解決策: 原因と結果と同様に、問題と解決策は、特定の問題を解決するために必要な行動を取るように他者を説得する効果的な手段として使用されます。これは、特定の課題や障害を解決する最善の方法をリスナーに納得させる効果的な方法です。

　スピーチ パターンは、アイデアや考えを明確に伝えるのに役立ちます。人は自分が認識している馴染みのあるパターンを聞くのが好きで、より簡単に受け入れる傾向があります。方向性を誤った情報は関係者間で不信感を招くことが多いため、メッセージの伝え方に時間を投資することで、人々に対する信頼性と影響力の両方が高まります。

　効果的なスピーチ パターンを活用することは、理解しやすい方法で情報を提供し、誰かに対する影響力を高めるための鍵となります。ターゲットはあなたを、権威があり論理的な人物として、より信頼でき、自分の考えや感情についてより自由にオープンになれる人物とみなすでしょう。

第25章: 常にポジティブなエネルギーを持ち歩く

私たちは多くの場合、相手が私たちをどのように感じさせるかのみに基づいて、誰かと強いつながりを築きます。「どうしてこんなことを話したのか分かりませんが、普段はあまりオープンではないのです。

「バイブ」とはいったい何ですか? 誰かとつながるのにどのように役立ちますか? 簡単に言うと、バイブとはポジティブな影響を与える良いエネルギーのことです。肯定したり、思わずうなずいたりする必要はありません。どこにいても接続に必要なのは、良い雰囲気だけです。

モチベーションを高めるスピーカーや自己啓発の第一人者に尋ねてみると、自分の目標についての肯定的な肯定を自分の周りに置くことを勧められるでしょう。最初は冗長に聞こえるかもしれませんが、ポジティブなエネルギーはすぐに浸透し、何らかの形で私たち全員に影響を与えます。

それはまさに、ポジティブなエネルギーや雰囲気が他の人に与える影響です。誰かが自分のアイデアを批判せずに受け入れてくれていると知ることで、相手は何の疑問も持たずにあなたに対して心を開くことができ、あなたも質問をされることなく相手の心にアクセスできるようになります。これらすべては、周囲の人々がポジティブなエネルギーを持ち込むことで可能になります。良いエネルギーは偽造できず、検出することしかできません。前向きな姿勢はすぐに広がります。常に明るい面を見ている人と話すのは誰でも大好きです。そして、あなたの周りにこのポジティブな雰囲気を築くためのヒントと戦略を以下に示します。

明るい面を見つめ続ける

よく言われるように、自分に起こったことに対するあなたの反応が結果を左右します。誰かがあなたにとって退屈であると嘆くのではなく、この機会を利用して、相手があなたとは異なる考え方をし、有意義な交流を生み出す方法を模索してください。ネガティブに集中すると、他の人がすぐに気づくようなネガティブな要素がさらに引き出されるだけです。

感じていないなら、それを偽らないでください

犬が好きだというと空虚に思われるかもしれません。他人に同意を強制することなく、異なる視点を受け入れるのに十分な寛容さを持つこと。あなたが好きだとか同意しているふりをするのではなく、反対の視点に対する権利を受け入れていることに人々が気づいたとき、あなたの反応はこれらの違いに対してはるかに前向きで歓迎的なものになるでしょう。

感謝の気持ちを実践する

感謝の気持ちがどのように人間関係を改善できるか知りたいですか?毎日の始まりと終わりに、人生が私たちに与えてくれるすべてのことに感謝し、チームのリーダーや兄弟など、日常的に出会う人たちに敬意を表し、交流するたびに感謝の気

持ちを表現することを忘れないでください。感謝の気持ちを毎日実践することで、彼らと交流するときにポジティブなエネルギーももたらす可能性があります。

ネガティブさを明らかにする
残念ながら、私たちは皆、気づかないうちにネガティブな思考が蓄積されてしまうことがあります。これは特に、特定の人々をネガティブな記憶と結びつける場合に当てはまります。たとえば、最後にやり取りしたときに誰かが不快なコメントをした場合、その相手とのやり取りが終わった後も長く残る不快な記憶が思い出される可能性があります。明るい環境を作り出すために、ネガティブな記憶をより明るい記憶に置き換えてみてください。

瞑想は私たち全員に、リラックスしてくつろぎ、地に足がついたと感じる貴重な機会を提供します。瞑想は、周囲のネガティブなエネルギーを解放し、自分の行動が影響範囲内の人々にどのような影響を与えているかを評価する素晴らしい方法を提供します。さらに、マインドフルネスやスピリチュアリティなどの瞑想的な実践を実践すると、自分の内なる自己とのつながりが深まり、より深い平安が促進される可能性があります。

自然には治癒力がある
アウトドアには素晴らしい癒し効果があります！海の波に囲まれ、山頂の景色や川岸の音は、私たちをリラックスさせ、内側から癒してくれる素晴らしい効果をもたらします。外で時間を過ごすことは、人々の苦悩を和らげ、より前向きにするのに効果的であることが証明されています。反省しながら必要な休憩を取り、自分自身やお互いにリラックスすることは、私たちが幸せな人間であり続けるために不可欠です。
あなたのコミュニケーションにおけるポジティブなエネルギーは、他の人に波及効果をもたらし、彼らがより自由に心を開き、あなたとのコミュニケーションにおいて正直になるよう促すことができます。判断や失望、怒りに対する恐怖から、人は心を閉ざしたり、無愛想に見られるのを避けるために嘘をつくことがあります。快適な雰囲気と良いエネルギーを提供することで、人々がリラックスできるようになり、相手があなたをどのように認識しているか、また会話を通じてどれだけ自分自身を明らかにしているかを再評価することができます。

第 26 章: デジタル時代に読書をする人々の変遷

　慎重に組み立てられた電子メールや電話での会話でコミュニケーションをとるときに、どうすれば相手の心を読み取ることができるのでしょうか?それとも、電話で話しているときに誰かが嘘をついていることを検出しますか?同様に、選択された「絵文字」に大きく依存する WhatsApp などの行間コミュニケーションをどのように解釈できるでしょうか?

　デジタル通信は私たちに多くの利点をもたらします。私たちはソファから離れることなく世界中の人々に連絡を取ることができますが、同時にその制限によって効果的なつながりが制限される可能性があります。しかし、新型コロナウイルス感染症後の開発の進歩により、私たちはより効率的に接続する方法を学びました。生徒は、教師の視線を追うことができないため、教室での授業よりもオンライン授業の方が注意力が高いことがわかりました。教師がコンピュータ画面上で誰を見ているのか分からないためです。しかし、テクノロジーが人間の温かさや一対一の人間関係の親密さに匹敵するようになるまでには、まだ時間がかかります。

　相手の注意を十分に受けていない場合、相手を明らかにするのは難しい場合があります。寝たり、食事をしたり、群衆の中で過ごしたり。ほとんどの場合、ビデオ通話中や応答する前に完全なテキストを読んでいる間、相手のスピーカーがオンになっているかどうかさえ気づかないため、これらのデジタル プラットフォームで人々を理解することが困難になります。ただし、誰かが伝えようとしていることを正確に解釈するために使用できるテクニックがあります。

　聞いてください、私はすでに何度も言及しているかもしれませんが、サイバースペースで批判や対立を引き起こすことは、誰かと直接コミュニケーションをとるよりも簡単です。テキストメッセージで意見の相違があればそれほど深刻ではないように見えますが、それでもお互いの意見を聞いたり、読んだり、理解したりする能力は制限されます。

　インジケーターに注目
　人がどこにいても、その口調、言葉の選択、環境はすべて、その人の心の働きを示す指標となる可能性があります。たとえば、電子メールに返信するのにどれくらい時間がかかりますか?それともテキストメッセージですぐに返信しますか?それとも彼らの声には切迫感があるのでしょうか？ほんの少し注意を払うだけで、それらに関する貴重な情報を得ることができます。

　調整されたアプローチを維持する
　人は対面では読みにくい場合があり、画面上ではさらに読みにくいため、口調、言葉の選択、間を読み間違えることはさらに難しくなります。利用できる指標が限られている場合、そのテキストを誤って解釈する可能性があります。対面でのコミュニケーションでは、顔の表情、ボディランゲージ、全体的な「雰囲気」などのさまざまな側面に基づいて、個人を正確に描写することができます。電話やテキストで他の人とコミュニケーションをとるときは、限られたデータから最終的な結論を急ぐことがないように注意してください。話の内容に注意を払い、明確にするために必要に応じて質問してください。会話中に仮定が生じた場合は、正確な観察を行うのに十分なデータがあるかどうかを疑ってください。

電話やSMSで嘘つきを見分ける方法
嘘を見破るには鋭い観察スキルが必要です。しかし、SMS テキストや電子メールでの会話には通常の証拠の多くが欠けているため、嘘発見器はこれらのデジタルプラットフォーム上で正確な検出を可能にする十分なデータを提供します。誰かがあなたに書面で嘘をついていることを示すいくつかの兆候を次に示します。

嘘をつく人は、真実を曖昧にしたり隠蔽しようとして主題を絶えず変えたりして、まとまりがなく、1 つのストーリーで特定するのが難しいように見えるかもしれません。彼らは物事を複雑にしすぎたり、つじつまが合わない虚偽の主張をでっちあげたりしようとするかもしれません。テキスト メッセージングを介してこれらのメッセージを検出する 1 つの方法は、文脈内のトピックについての明確さを提供しないテキストの長い段落を探すことです。それが真実であれば、実際に何が起こったのかを理解するためにもう一度読む必要はありません。

不必要な情報を過度に強調したり、特定の問い合わせに答えなかったりする
誰かがあなたに直接答える必要のある質問をした場合、いつでも断ることで答えを避けることができます。たとえば、パートナーにどこにいるかを尋ねたが、返事がなかったとします。4時間後、彼らはバッテリーが切れたと説明するメッセージを送りますが、その時点でどこにいるのかを教えてくれます。これは彼らがその時点では真実を語っているのに、最初に調査が行われたときに答えないことを選択したため、不作為による嘘になります。さらに、直接答えることを避けて会話を完全に脱線させようとして、過度に複雑な応答をしようとすることもあります。

誰も応答しません
いつ受信者に届くかわからないまま、メッセージを送信することが、海に石を投げ込むようなものだった時代は終わりました。今では、メッセージがいつ到着したか、いつ閲覧されたか、そしてメッセージが「オンライン」かどうかを正確に知ることができます。ほとんどのメッセージング アプリケーションでは、誰かが応答を入力しているときに省略記号 (...) が表示されるため、すぐに省略記号が表示されることが予想されます。

情報が多すぎる 人は説明をする傾向があります。職場で同僚のサンドイッチを食べましたか？おそらくあなたは、なぜこれが起こったのかについて、おそらく15分間ほど説明してくれるでしょう。同様に、嘘をつくとき、私たちは人々に信じてもらいたいことを隠すために、反応に誇張を使う傾向があります。定期的に長いテキスト

を作成する人もいますが、応答が異常に長くなる場合、これは公開しないと決めた情報について説明している証拠である可能性があります。

　テキスト形式の議論に巻き込まれ、双方がそれぞれの立場を説明し、あなたが質問をすると、会話が突然答えから別の話題に移るまで長い返答を組み立てているところを想像してみてください。このような場合、彼らが忙しくしようとしているのは、この会話のスレッドを切り上げて、完全に別のことに移るという意図を示している可能性があります。
　「私が行かないように頼んだのに、彼女の家に行きましたか？」
　彼女は驚いた様子だった。私たちの間に信頼関係がどれほど薄いかに驚くべきです。残念ながら、洗濯をしなければならないので、今はこれに費やす時間がありません。後で話しましょう...さようなら。」

第 27 章: 今後の行動計画

　ここには、人々を理解するために必要なすべてのツールが揃っています。人間に関するガイドブックを手にすれば、なぜ人々がそのように話し、特定の方法で行動し、何を言うのかについて、性格やコミュニケーションスタイルの特徴から、その人を形作る影響力のある人まで、深い知識を得ることができます。これらの知識はすべて簡単に手に入れることができますが、相手を理解するには時間、努力、そして少しの当て推量が必要になる場合があります。

　心は複雑な構造であり、それを解読するにはその複雑さを理解し続けなければなりません。誰かを何年も知っていても、小さな衝突や意見の相違により、相手の話を客観的に聞くことが難しくなることがあります。

　そのため、私は人々を理解する際には実践と観察の重要性をよく強調します。他人の言葉を正しく解釈するには、他人の信念やコミュニケーションのスタイルを読み取る際に優れた適応力を発揮しながら、自分の考えをコントロールする必要があります。ここでは、誰かを理解し、彼らの暗黙の言語の複雑さを解き明かそうとするときに必ず持っていくべきものすべての概要と注意事項を示します。

　人の気持ちを読む心の準備をしておく

　他の人と会話するたびに、自分自身の棚卸しをしてください。次のようないくつかの重要な質問を自分自身に問いかけてください。* それらについてすでに何らかの意見を形成していますか?または >> 注意すべき偏見や偏見はありますか?

　* 私は精神的にも感情的にも誰かを理解しようとすることができますか? * 相手の気持ちを理解しようとするとき、どのような点に留意する必要がありますか?

　*私の判断を揺るがす可能性のある外部要因は何ですか?このように質問することで、偏見や偏見を持たずに他人に接することができるようになります。人々を注意深く観察するには、注意を払う必要があります。他の作業や思考から心を解放し、関心のある人々を当然のことと思わずに観察することに集中します。偏見なく注意深く耳を傾けながら、彼らのボディーランゲージ、表情、言葉を注意深く観察してください。

　人々の研究に時間を費やす どんな芸術でも習得するには時間と献身が必要です。多様な背景を持つ人々を正確に評価するには、人物像を読むために継続的な研究が必要です。これを適切に行うには、社会全体の多様な個性を持つ多くの個人を観察し、彼らについて正確な判断を下す必要があります。人間の読書は総合的にアプローチする必要があります。上司が何を考えているのか、またはパートナーが部屋中にどのようなメッセージを送ろうとしているのかを理解するのは良いことですが、それを適切に行うには、接触するすべての人のパターン、行動、動機を理解する必要があります。このタスクでは、複数の個体を観察することでこれらのパターンを認識できる必要があります。公共の通勤者に対応するとき、デパートの販売員や美容師と会話するときでも、このスキルを考慮してください。

　さまざまな性格タイプや会話スタイルを持つ人を頻繁に特定して見つけ、メッセージを効果的に伝えることができるようになるため、練習すれば完璧になります。さらに、練習することで偏見や偏見を手放し、その人の性格や生活状況について即座に判断することなく人々を観察できるようになります。人物読解スキルは個人的および職業上の成長にとって不可欠な資産であり、人々とその動機をより深く理解するのに役立ちます。誰かの声がうるさいのは、攻撃的な発言が原因ではなく、難聴のある高齢の祖父母と同居していることが原因である可能性があることを認識すると、新たな視点が得られるかもしれません。人の話に注意深く耳を傾け、その人について関連する質問をしたり、その人の話に興味を示すことで、仕事上でも個人的にも有意義な関係を築くことができます。人々と知り合うために時間を費やすことは、仕事でも社外でも利益をもたらすでしょう。

　忍耐と注意力は常に必要です
　編み方を学ぶのは気が遠くなるかもしれません。すべての結び目が完璧になるまでブランケットを編むのに何度も試みるのと同じように、練習は完璧になります。しかし、各結び目を編むという実際の作業に焦点が当てられると、1つの生地見本を作るのに必要な忍耐、注意、献身的なすべてのことに痛感します。次から次へと生地が。同様に、細心の注意を払うことは、理論的には簡単に思えるかもしれませんが、強く反対する人とのコミュニケーションに直面したり、興味がないと思う人のボディランゲージを観察したりする場合には、時には難しいこともあります。適切な結果を求めるには、どちらの作業も練習が必要です。

　忍耐と気配りがあれば、この課題を克服し、さまざまな視点から人々を知り、理解する経験を積むことができます。自分の意見が合わない人の話に辛抱強く耳を傾けた場合にのみ、個人的な限界を超えて人を観察し、読み取る方法を学ぶことができます。

　誠実で傷つきやすい人であること　会話の途中で誰かがよそよそしくなったのを目撃した場合は、心の中でメモを取ってください。人々は敵意や批判をすぐに察知できます。彼らは、誰かが自分の周りで卵の殻の上を歩こうとしているときにそれを知っています。トレンチコートの後ろに座って虫眼鏡を持ちながら、相手に対して堅苦しく接したり冷たく接したりすることで、誰かがあなたに心を開いてくれると期待しないでください。誰かがあなたに心を開くためには、あなたに対して自由かつ安全に自分自身を開くことができるという十分な安心感を感じなければなりません。

　偏見を持たずに判断を下す
　この問題については、これまで何度も取り上げられてきました。偏見や偏見に基づいて人々について性急に判断したり評価したりすることが、その人たちを閉ざしたり、あなたがそれらに基づいて不適切な評価を下したりする主な原因となるからです。誰かを観察するときは、判断や結論を先延ばしにする練習をしてください。路上で踊っている誰かが注意を引こうとしているのではないかという考えが最初に浮かんだ場合は注意してください。すぐにそこで立ち止まってください。たとえば、彼らがとても楽しそうに踊っているように見えて、「彼らは注目を集めるのが好きだ」と思う場合、何が起こっているのかを結論づける前に、すぐに自分を止めてください。あるいは、彼らは注目されるのが好きなだけだと考え、仮定に基づいて推測してください。

結論

　この時点で、人の心を読むことを学ぶことは、自己発見と評価の旅であることは明らかです。それは、他の人だけでなくあなた自身についてももっと明らかにすることでもあることに気づくとき、あなたはこれに気づきます。そうすることで、自分自身の限界を認識できるようになり、お互いにより深く、より意味のあるつながりを築くことができ、最終的には彼らの動機、願望、そして最も重要な考え方についての洞察が得られます。

　すべての旅の始まりがなぜ始まるのかを理解しましょう。ビジネススクールであれ、医学部であれ、法科大学院であれ、すべてはまずこの１つの質問に答えることから始まります。なぜこのようなことが起こるのか。この質問に答えが得られれば、他のすべてが自然に適切な位置に収まります。ピープルリーディングとは、コミュニケーションのためのこの質問に答えることです。一度答えられれば、あらゆる種類の可能性が開かれ、偏見や誤解の障壁が取り除かれます。誰かを理解することはより強い関係につながります。熟練したコミュニケーションは、人生のあらゆる場面で役に立ちます。チームメンバーを上司にしたり、自分の願望について両親を説得したり、他の人の動機や思考回路を理解したりすることまで、ターゲットの動機を知ることで、意見を聞いて尊重してもらうための手段が得られます。なんてメリットがあるのでしょう！この本の各ページは、人間の行動に関する謎が詰まった箱を開けるようなものです。この本だけがそのほんの一部を垣間見せてくれます。人間は黒人か白人のどちらかにきちんと分類されるわけではなく、あらゆる種類の色合いがあります。おそらく、日が経つにつれて、あなたは一緒に住んでいる人々についてもっと多くのことを知ることになるでしょう。彼らの反応は人生経験、感情、環境の影響によって異なる可能性があります。彼らを全体的に理解するには、これらの変化を常に認識し、それに応じて適応することが最善です。

　そのため、機嫌が悪くなったり、ネガティブな人が増えたり、嘘をついたり、感情を伝えるのが難しくなったりするなど、こうした変化をこれまでよりも簡単に認識できるようになりました。賢明かつ責任を持って使用してください - 世界はあなたを必要としています！これらの理論を仕事や自分が大切にしている人たちに適用してください。木が生きていくためには、太陽の熱と良質な土壌の養分が依然として必要だからです。理解されるためには理解が必要であり、私たちは人々の考え方に常に同調して、自分たちの利益を理解しながら彼らの利益を守ることができるようにする必要があります。有意義な関係を深め、育む方法として、常に読書を賢く活用してください。

　終わり